全国机动车检测维修专业技术人员职业水平考试用书

QUANGUO JIDONGCHE JIANCE WEIXIU ZHUANYE JISHU RENYUAN ZHIYE SHUIPING KAOSHI YONGSHU

机动车检测维修考试用书

——大纲新增内容解析

JIDONGCHE JIANCE WEIXIU KAOSHI YONGSHU
——DAGANG XINZENG NEIRONG JIEXI

交通运输部职业资格中心 组织编写

人民交通出版社股份有限公司

北京

内 容 提 要

本书聚焦《机动车检测维修专业技术人员职业资格考试大纲》,包含基础知识篇、专业技术篇、案例分析篇,主要介绍了国家和行业最新政策法规及标准规范,以及新能源汽车检测维修方面相关知识。

本书可供报名参加机动车检测维修专业技术人员职业资格考试的机动车检测维修士、机动车检测维修工程师两个级别考生使用,也可作为机动车检测维修从业人员、交通院校相关专业师生在实际工作和教学中的参考书。

图书在版编目(CIP)数据

机动车检测维修考试用书:大纲新增内容解析/交通运输部职业资格中心组织编写. —北京:人民交通出版社股份有限公司,2023.4

ISBN 978-7-114-18740-7

Ⅰ.①机… Ⅱ.①交… Ⅲ.①机动车—检测—水平考试—自学参考资料 Ⅳ.①U472.9

中国国家版本馆 CIP 数据核字(2023)第 070285 号

Jidongche Jiance Weixiu Kaoshi Yongshu——Dagang Xinzeng Neirong Jiexi

书　　名:	机动车检测维修考试用书——大纲新增内容解析
著 作 者:	交通运输部职业资格中心
责任编辑:	李　佳　刘　洋
责任校对:	孙国靖　刘　璇
责任印制:	张　凯
出版发行:	人民交通出版社股份有限公司
地　　址:	(100011)北京市朝阳区安定门外外馆斜街 3 号
网　　址:	http://www.ccpcl.com.cn
销售电话:	(010)85285857
总 经 销:	人民交通出版社股份有限公司发行部
经　　销:	各地新华书店
印　　刷:	北京武英文博科技有限公司
开　　本:	787×1092　1/16
印　　张:	10
字　　数:	228 千
版　　次:	2023 年 4 月　第 1 版
印　　次:	2025 年 2 月　第 3 次印刷
书　　号:	ISBN 978-7-114-18740-7
定　　价:	58.00 元

(有印刷、装订质量问题的图书,由本公司负责调换)

前　言

　　机动车维修质量和行车安全问题，党中央、国务院很重视，部党组抓得很紧，人民群众很关心。为加强机动车检测维修专业技术人才队伍建设，2006年原人事部、原交通部联合印发了《机动车检测维修专业技术人员职业水平评价暂行规定》《机动车检测维修专业技术人员职业水平考试实施办法》，建立了机动车检测维修专业技术人员职业资格制度。经人力资源社会保障部和交通运输部有关司局组织审定，新版《机动车检测维修专业技术人员职业资格考试大纲》于2023年2月修订发布。

　　为方便从业人员复习备考，交通运输部职业资格中心组织编写了《机动车检测维修考试用书——大纲新增内容解析》。本书详细解析了新版《机动车检测维修专业技术人员职业资格考试大纲》新增内容，并就新增内容涉及的政策法规、标准规范、新技术、新工艺、新装备作了延伸介绍，更新了新能源汽车检测维修技术相关知识，是广大考生了解新大纲、复习备考的必备书，是广大从业人员和交通职业院校师生了解机动车检测维修行业最新动态的参考书。

　　本书由王征、韩鹏、刘俊臣编写，由刘富佳、翁志新、康学楠、吴书龙、李龙、侯振芳、王桂成、李佳、罗霄审定。本书编写工作得到了交通运输部公路科学研究院、中国汽车维修行业协会、天津市汽车维修检测行业协会、无锡商业职业技术学院、全国总工会中国职工电化教育中心、北京祥龙博瑞汽车服务(集团)有限公司、捷豹路虎(中国)有限公司、放心联合认证中心(北京)有限公司、元致捷信息咨询(北京)有限公司和人民交通出版社股份有限公司等单位的大力支持，在此一并感谢！

　　由于水平有限，书中难免仍有不足之处，恳请批评指正、提出宝贵意见，以便我们再修订时改进。

交通运输部职业资格中心
2023年4月

目　　录

第一篇　基础知识篇

第一章　法律、法规、规章和标准规范 · 3
　第一节　法律、法规、规章 · 3
　第二节　标准规范 · 6
　考试模拟题 · 20
第二章　安全防护工具及专用维修检测工具 · 25
　第一节　安全防护工具 · 25
　第二节　绝缘电阻测试仪 · 26
　第三节　钳形电流表 · 30
　第四节　绝缘拆装工具 · 32
　第五节　数字万用表 · 33
　第六节　故障诊断仪 · 34
　第七节　动力蓄电池维修工具 · 35
　第八节　充电桩 · 38
　考试模拟题 · 39

第二篇　专业技术篇

第一章　动力蓄电池系统工作原理与维修诊断 · 45
　第一节　动力蓄电池系统基础知识 · 45
　第二节　动力蓄电池结构原理、维护与故障分析 · 46
　第三节　动力蓄电池管理系统结构原理与维修诊断 · 49
　第四节　动力蓄电池系统性能检测 · 53
　第五节　动力蓄电池系统常见故障现象、诊断与排除 · 55
　第六节　动力蓄电池系统分解与拆装 · 58

考试模拟题 ·· 61

第二章　驱动电机系统原理及维修诊断 ·· 65
第一节　驱动电机系统的认识 ·· 65
第二节　驱动电机的知识 ·· 67
第三节　驱动电机管理系统原理及检修 ·· 72
第四节　驱动电机系统性能检测 ·· 77
第五节　驱动电机冷却系统原理与维修 ·· 78
第六节　驱动电机系统的拆装 ·· 82
第七节　驱动电机系统故障诊断与维修 ·· 86
考试模拟题 ·· 91

第三章　整车控制系统原理与维修诊断 ·· 96
第一节　整车控制系统原理与功能 ·· 96
第二节　整车控制器原理与功能 ·· 100
第三节　整车控制器的更换与故障诊断 ·· 105
第四节　新能源汽车整车故障诊断 ·· 108
考试模拟题 ·· 112

第四章　高压供电系统的原理与维修诊断 ·· 115
第一节　高压供电系统的组成与原理 ·· 115
第二节　高压供电系统安全防护认知 ·· 116
第三节　高压配电系统组成与检修 ·· 122
第四节　高压线束组成与检修 ·· 125
第五节　高低压转换系统组成与检修 ·· 126
第六节　充电系统组成与检修 ·· 128
考试模拟题 ·· 133

第三篇　案例分析篇

第一篇 基础知识篇

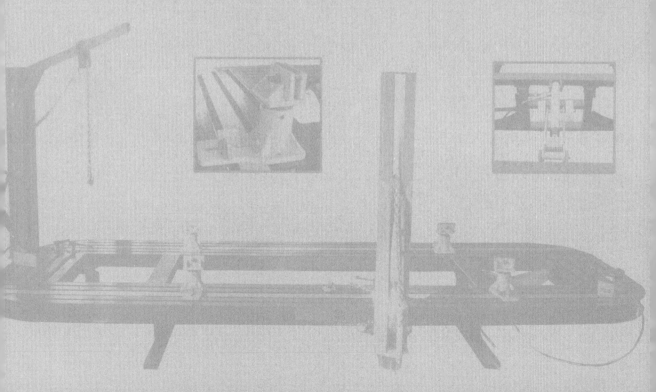

第一章
法律、法规、规章和标准规范

第一节 法律、法规、规章

1. 《中华人民共和国消防法》(2021年第二次修正,以下简称《消防法》)规定,消防工作贯彻预防为主、防消结合的方针,按照政府统一领导、部门依法监管、单位全面负责、公民积极参与的原则,实行消防安全责任制,建立健全社会化的消防工作网络。

2. 消防设施,是指火灾自动报警系统、自动灭火系统、消火栓系统、防烟排烟系统以及应急广播和应急照明、安全疏散设施等。

3. 消防产品,是指专门用于火灾预防、灭火救援和火灾防护、避难、逃生的产品。

4. 任何单位和个人都有维护消防安全、保护消防设施、预防火灾、报告火警的义务。任何单位和成年人都有参加有组织的灭火工作的义务。

5. 机关、团体、企业、事业等单位应当履行下列消防安全职责:

(1)落实消防安全责任制,制定本单位的消防安全制度、消防安全操作规程,制定灭火和应急疏散预案;

(2)按照国家标准、行业标准配置消防设施、器材,设置消防安全标志,并定期组织检验、维修,确保完好有效;

(3)对建筑消防设施每年至少进行一次全面检测,确保完好有效,检测记录应当完整准确,存档备查;

(4)保障疏散通道、安全出口、消防车通道畅通,保证防火防烟分区、防火间距符合消防技术标准;

(5)组织防火检查,及时消除火灾隐患;

(6)组织进行有针对性的消防演练;

(7)法律、法规规定的其他消防安全职责。

6. 单位的主要负责人是本单位的消防安全责任人。

7. 同一建筑物由两个以上单位管理或者使用的,应当明确各方的消防安全责任,并确定责任人对共用的疏散通道、安全出口、建筑消防设施和消防车通道进行统一管理。

8. 禁止在具有火灾、爆炸危险的场所吸烟、使用明火。因施工等特殊情况需要使用明火作业的,应当按照规定事先办理审批手续,采取相应的消防安全措施;作业人员应当遵守消防安全规定。

9. 进行电焊、气焊等具有火灾危险作业的人员和自动消防系统的操作人员,必须持证上岗,并遵守消防安全操作规程。

10. 生产、储存、运输、销售、使用、销毁易燃易爆危险品,必须执行消防技术标准和管理规定。进入生产、储存易燃易爆危险品的场所,必须执行消防安全规定。禁止非法携带易燃易爆危险品进入公共场所或者乘坐公共交通工具。储存可燃物资仓库的管理,必须执行消防技术标准和管理规定。

11. 任何单位、个人不得损坏、挪用或者擅自拆除、停用消防设施、器材,不得埋压、圈占、遮挡消火栓或者占用防火间距,不得占用、堵塞、封闭疏散通道、安全出口、消防车通道。

12. 国家鼓励、引导公众聚集场所和生产、储存、运输、销售易燃易爆危险品的企业投保火灾公众责任保险;鼓励保险公司承保火灾公众责任保险。

13. 消防车、消防艇以及消防器材、装备和设施,不得用于与消防和应急救援工作无关的事项。

14. 消防救援机构在消防监督检查中发现火灾隐患的,应当通知有关单位或者个人立即采取措施消除隐患;不及时消除隐患可能严重威胁公共安全的,消防救援机构应当依照规定对危险部位或者场所采取临时查封措施。

15. 单位违反《消防法》规定,有下列行为之一的,责令改正,处5000元以上50000元以下罚款:

(1)消防设施、器材或者消防安全标志的配置、设置不符合国家标准、行业标准,或者未保持完好有效的;

(2)损坏、挪用或者擅自拆除、停用消防设施、器材的;

(3)占用、堵塞、封闭疏散通道、安全出口或者有其他妨碍安全疏散行为的;

(4)埋压、圈占、遮挡消火栓或者占用防火间距的;

(5)占用、堵塞、封闭消防车通道,妨碍消防车通行的;

(6)人员密集场所在门窗上设置影响逃生和灭火救援的障碍物的;

(7)对火灾隐患经消防救援机构通知后不及时采取措施消除的。

16. 生产、储存、经营易燃易爆危险品的场所与居住场所设置在同一建筑物内,或者未与居住场所保持安全距离的,责令停产停业,并处5000元以上50000元以下罚款。

17. 违反《消防法》规定,有下列行为之一的,处警告或者五百元以下罚款;情节严重的,处五日以下拘留:

(1)违反消防安全规定进入生产、储存易燃易爆危险品场所的;

(2)违反规定使用明火作业或者在具有火灾、爆炸危险的场所吸烟、使用明火的。

18. 违反《消防法》规定,有下列行为之一,尚不构成犯罪的,处十日以上十五日以下拘留,可以并处五百元以下罚款;情节较轻的,处警告或者五百元以下罚款:

(1)指使或者强令他人违反消防安全规定,冒险作业的;

(2)过失引起火灾的;

(3)在火灾发生后阻拦报警,或者负有报告职责的人员不及时报警的;

(4)扰乱火灾现场秩序,或者拒不执行火灾现场指挥员指挥,影响灭火救援的;

(5)故意破坏或者伪造火灾现场的;

(6)擅自拆封或者使用被消防救援机构查封的场所、部位的。

19.《中华人民共和国安全生产法》(2021年第三次修正,以下简称《安全生产法》)规定,生产经营单位的主要负责人是本单位安全生产第一责任人,对本单位的安全生产工作全面负责。其他负责人对职责范围内的安全生产工作负责。

20.生产经营单位生产、经营、运输、储存、使用危险物品或者处置废弃危险物品,必须执行有关法律、法规和国家标准或者行业标准,建立专门的安全管理制度,采取可靠的安全措施,接受有关主管部门依法实施的监督管理。

21.生产经营单位应当建立安全风险分级管控制度,按照安全风险分级采取相应的管控措施。

22.生产经营单位应当建立健全并落实生产安全事故隐患排查治理制度,采取技术、管理措施,及时发现并消除事故隐患。事故隐患排查治理情况应当如实记录,并通过职工大会或者职工代表大会、信息公示栏等方式向从业人员通报。其中,重大事故隐患排查治理情况应当及时向负有安全生产监督管理职责的部门和职工大会或者职工代表大会报告。

23.《家用汽车产品修理更换退货责任规定》(国家市场监督管理总局令2021年第43号)规定,在中华人民共和国境内销售的家用汽车产品的三包责任由销售者依法承担。销售者依照本规定承担三包责任后,属于生产者责任或者其他经营者责任的,销售者有权向生产者、其他经营者追偿。

24.三包凭证应当包括下列内容:

(1)产品品牌、型号、车辆类型、车辆识别代号(VIN)、生产日期;

(2)生产者的名称、地址、邮政编码、客服电话;

(3)销售者的名称、地址、邮政编码、客服电话、开具购车发票的日期、交付车辆的日期;

(4)生产者或者销售者约定的修理者(以下简称修理者)网点信息的查询方式;

(5)家用汽车产品的三包条款、包修期、三包有效期、使用补偿系数;

(6)主要零部件、特殊零部件的种类范围,易损耗零部件的种类范围及其质量保证期;

(7)家用纯电动、插电式混合动力汽车产品的动力蓄电池在包修期、三包有效期内的容量衰减限值;

(8)按照规定需要明示的其他内容。

25.修理者应当建立修理记录存档制度。修理记录保存期限不得低于6年。修理记录应当包括送修时间、行驶里程、消费者质量问题陈述、检查结果、修理项目、更换的零部件名称和编号、材料费、工时及工时费、车辆拖运费用、提供备用车或者交通费用补偿的情况、交车时间、修理者和消费者签名或者盖章等信息,并提供给消费者一份。

26.家用汽车产品自三包有效期起算之日起7日内,因质量问题需要更换发动机、变速器、动力蓄电池、行驶驱动电机或者其主要零部件的,消费者可以凭购车发票、三包凭证选择更换家用汽车产品或者退货。销售者应当免费更换或者退货。

27.家用汽车产品自三包有效期起算之日起60日内或者行驶里程3000km之内(以先到者为准),因发动机、变速器、动力蓄电池、行驶驱动电机的主要零部件出现质量问题的,消费者可以凭三包凭证选择更换发动机、变速器、动力蓄电池、行驶驱动电机。修理者应当免费更换。

28. 家用汽车产品在三包有效期内出现下列情形之一,消费者凭购车发票、三包凭证选择更换家用汽车产品或者退货的,销售者应当更换或者退货:

(1)因严重安全性能故障累计进行2次修理,但仍未排除该故障或者出现新的严重安全性能故障的;

(2)发动机、变速器、动力蓄电池、行驶驱动电机因其质量问题累计更换2次,仍不能正常使用的;

(3)发动机、变速器、动力蓄电池、行驶驱动电机、转向系统、制动系统、悬架系统、传动系统、污染控制装置、车身的同一主要零部件因其质量问题累计更换2次,仍不能正常使用的;

(4)因质量问题累计修理时间超过30日,或者因同一质量问题累计修理超过4次的。

29. 销售者为消费者更换家用汽车产品或者退货,应当赔偿消费者下列损失:

(1)车辆登记费用;

(2)销售者收取的扣除相应折旧后的加装、装饰费用;

(3)销售者向消费者收取的相关服务费用。

30. 消费者依据《家用汽车产品修理更换退货责任规定》第二十四条第一款规定,更换家用汽车产品或者退货的,消费者应当向销售者支付家用汽车产品使用补偿费。

31. 补偿费的计算方式为:补偿费 = 车价款(元)× 行驶里程(km)/1000(km)× 使用补偿系数 n。

(1)使用补偿系数 n 由生产者确定并明示在三包凭证上。

(2)使用补偿系数 n 不得高于0.5%。

32. 三包有效期内销售者收到消费者提出的更换家用汽车产品或者退货要求的,应当自收到相关要求之日起10个工作日内向消费者作出答复。

(1)不符合更换或者退货条件的,应当在答复中说明理由。

(2)符合更换或者退货条件的,销售者应当自消费者提出更换或者退货要求之日起20个工作日内为消费者完成更换或者退货,并出具换车证明或者退车证明;20个工作日内不能完成家用汽车产品更换的,消费者可以要求退货,但因消费者原因造成的延迟除外。

33. 严重安全性能故障,指家用汽车产品存在的危及人身、财产安全,致使无法安全使用的质量问题,包括安全装置不能起到应有的保护作用或者存在起火等危险的情形。

34. 单次修理时间,指自消费者与修理者确定修理之时至完成修理之时。以小时计算,每满24h,为1日;余下时间不足24h的,以1日计。

第二节 标准规范

1.《汽车维修术语》(GB/T 5624—2019)界定了汽车技术状况、汽车检测、汽车诊断和汽车维修等方面专用的或常用的术语及其定义。该标准适用于汽车维修及相关领域。

2. 汽车维修检验是指对汽车维修生产活动中各个环节进行检测评定的工作。

3. 汽车维修信息是指汽车诊断、检测、维修作业过程中的信息资料的总称,主要包括车辆信息、维修企业信息、维修技术信息、管理信息等。

4. 汽车综合性能是指汽车动力性、安全性、燃料经济性、使用可靠性、污染物排放和噪声,以及整车装备完整性与状态等多种技术性能的组合。

5. 汽车检测线是指对汽车技术状况进行检测的工位组合。

6. 远程故障诊断是指采用智能化手段远程获取汽车故障信息进行诊断。

7. 绿色维修是指在汽车维修过程中,采用先进的工艺设备和诊断技术,实现提高维修效率、减少环境污染和节能减排的维修生产和组织方式。

8. 汽车修理质量评定是指对汽车修理竣工质量和汽车修理过程中维修档案完善程度的综合评价。

9. 汽车维修电子健康档案是指以车辆识别代码(Vehicle Identification Number,简称VIN)为唯一标识的汽车从购置到报废过程中汽车维修电子记录的总和。

10. 汽车维修电子记录是指用于记录汽车维修过程相关内容的电子化信息,主要包括汽车维修企业、维修车辆、维修时间、故障描述、维修配件、维修项目以及结算信息等。

11. 汽车维修配件即汽车售后配件,指安装于汽车、用来替换该汽车初装零部件的产品。包括汽车所需的润滑剂等,但不包括燃料。

12. 《电动汽车术语》(GB/T 19596—2017)界定了电动汽车相关的术语及定义。该标准适用于电动汽车整车、驱动电机系统、可充电储能系统及充电机。

13. 混合动力电动汽车是指能够至少从下述两类车载储存的能量中获得动力的汽车:

(1)可消耗的燃料;

(2)可再充电能/能量储存装置。

14. 有手动选择功能的混合动力电动汽车是指具备手动选择行驶模式功能的混合动力电动汽车。车辆可选择的行驶模式包括纯电动模式、热机模式和混合动力模式。

15. 不可外接充电式混合动力汽车是指正常使用情况下从车载燃料中获取全部能量的混合动力电动汽车。

16. 燃料电池电动汽车是指以燃料电池系统作为单一动力源或者是以燃料电池系统与可充电储能系统作为混合动力源的电动汽车。

17. 电驱动系统是指由驱动电机、动力电子装量和将电能转换到机械能的相关操纵装置组成的系统。

18. 整车控制器(Vehicle Control Unit,简称VCU)即动力总成控制器,采集加速踏板信号、制动踏板信号及其他部件信号,并做出相应判断后,控制下层的各部件控制器的动作,可实现整车驱动、制动、能量回收。

19. 制动能量回收系统是指汽车滑行、减速或下坡时,将车辆行驶过程中的动能及势能转化或部分转化为车载可充电储能系统的能量存储起来的系统。

20. 动力蓄电池系统是指一个或一个以上蓄电池包及相应附件(蓄电池管理系统、高压电路、低压电路、热管理设备以及机械总成)构成的为电动汽车整车的行驶提供电能的能量存储装置。

21. 驱动电机系统是指驱动电机、驱动电机控制器及其工作必需的辅助装置的组合。

22. 高压系统是指电动汽车内部 B 级电压以上与动力电池直流母线相连,或由动力电池电源驱动的高压驱动零部件系统,主要包括但不限于:动力电池系统和/或高压配电系统(高压继电器、熔断器、电阻器、主开关等)、电机及其控制器系统、DC/DC 变换器和车载充电机等。

23. 蓄电池托架是指为便于安装承载动力蓄电池的装置,有移动式和固定式之分。

24. 绝缘电阻监测系统是指对动力蓄电池及连接高压母线和车辆底盘之间的绝缘电阻进行定期(或持续)监测的系统。

25. 坡道起步能力是指电动汽车在坡道上能够起动,且 1min 内向上行驶至少 10m 的最大坡度。

26. 动力系效率是指在纯电动情况下,从动力系输出的机械能除以输入动力系的电能所得的值。

27. A 级电压电路是指最大工作电压小于或等于 30V AC(RMS),或小于或等于 60V DC 的电力组件或电路*。

28. B 级电压电路是指最大工作电压大于 30V AC(RMS)且小于或等于 1000V AC(RMS),或大于 60V DC 且小于或等于 1500V DC 的电力组件或电路。

29. 电机控制器是指控制动力电源与电机之间能量传输的装置,由控制信号接口电路、电机控制电路和驱动电路组成。

30. DC/DC 变换器是指将某一直流电源电压转换成任意直流电压的变换器。

31. 再生制动控制是指通过驱动电机由电动状态转换为发电状态,将行驶中车辆的动能转换为电能回充至车载储能装置而实现对车速控制的控制方式。

32. 动力蓄电池是指为电动汽车动力系统提供能量的蓄电池。

33. 辅助蓄电池是指为电动汽车低压辅助系统供电的蓄电池。

34. 单体蓄电池是指将化学能与电能进行相互转换的基本单元装置,通常包括电极、隔膜、电解质、外壳和端子,并被设计成可充电。也称作电芯。

35. 蓄电池模块是指将一个以上单体蓄电池按照串联、并联或串并联方式组合,并作为电源使用的组合体。也称作蓄电池组。

36. 蓄电池控制单元是指控制、管理、检测或计算蓄电池系统的电和热相关的参数,并提供蓄电池系统和其他车辆控制器通信的电子装置。

37. 蓄电池管理系统(Battery Management System,简称 BMS)是指监视蓄电池的状态(温度、电压、荷电状态等),可以为蓄电池提供通信、安全、电芯均衡及管理控制,并提供与应用设备通信接口的系统。

38. 动力蓄电池箱是指用于盛装蓄电池组、蓄电池管理系统以及相应的辅助元器件,并包含机械连接、电气连接、防护等功能的总成,简称蓄电池箱。

39. 高压维修开关是指为车辆维修时切断动力蓄电池高压输出的开关或相关装置。

40. 荷电状态(Stage-of-Charge,简称 SOC)是指当前蓄电池中按照规定放电条件可以释放的容量占可用容量的百分比。

---

* AC 交流电英文词头缩写;DC 直流电英文词头缩写;RMS 交流电值均方根英文词头缩写。

41. 电动汽车充电是指以受控的方式将电能从车外电源传输到电动汽车的蓄电池或其他车载储能装置中的过程。

42. 充电能量是指用于充电的电能,有交流充电能量和蓄电池充电能量两种。

43. 根据《机动车安全技术检验项目和方法》(GB 38900—2020),送检机动车应满足以下基本要求:

(1)车辆应清洁,无滴漏油(液)、漏电现象,轮胎完好,轮胎气压正常且胎冠花纹中无异物,发动机运转平稳,怠速稳定,无异响;

(2)车辆不应有与制动防抱死系统(Antilock Brake System,简称 ABS)、电动助力转向(Electric Power Steering,简称 EPS)系统及其他与行车安全相关的故障信息;

(3)纯电动汽车、插电式混合动力汽车、燃料电池汽车不应有与电驱动系统、高压绝缘、动力蓄电池等有关的报警信号;

(4)组成汽车列车的牵引车的准牵引总质量应大于或等于挂车总质量,组成乘用车列车的乘用车在设计和制造上应具有牵引功能;

(5)集装箱车、集装箱运输半挂车不应载有集装箱,货车不应装载货物。

44. 新能源汽车注册登记安全检验和在用机动车安全检验时,车辆还应满足以下要求:

(1)插电式混合动力汽车、纯电动汽车(换电式除外),应具有外接充电接口,且充电接口表面不应有明显变形或烧蚀痕迹;

(2)目视检查可见区域内,高、低压线束、连接器不应有断裂、破损、表面材料溶解或烧蚀痕迹;2018 年 1 月 1 日起出厂的纯电动汽车、插电式混合动力汽车,目视检查可见区域内 B 级电压电路中的可充电储能系统(RE-chargeable Energy Storage System,简称 REESS)应用符合规定的警告标记予以标识;

(3)纯电动汽车、插电式混合动力汽车的 REESS 外壳不应有裂纹、外伤或电解液泄漏等情形。

45. 《家用汽车产品三包主要零部件种类范围及三包凭证》(GB/T 29632—2021)规定了家用汽车产品(以下简称汽车产品)三包涉及的主要总成和系统的主要零部件、易损耗零部件的种类范围以及三包凭证等内容。该标准适用于汽车产品的生产者、销售者和修理者履行汽车产品三包责任的相关活动。

46. 《家用汽车产品三包主要零部件种类范围及三包凭证》(GB/T 29632—2021)中所定义的三包是指汽车产品生产者、销售者和修理者在质量保证期内,因汽车产品质量问题,对汽车产品修理、更换和退货的活动及责任。

47. 质量保证期包括包修期、三包有效期和易损耗零部件的质量保证期。

48. 总成是指由若干零部件、组合件或附件组合装配而成,并具有独立功能的汽车组成部分。主要指发动机、变速器、动力蓄电池、行驶驱动电机等。

49. 易损耗零部件的种类范围及其质量保证期由生产者明示在三包凭证上。生产者明示易损耗零部件的种类范围不应超出下列范围:

(1)空气滤清器;

(2)空调滤清器;

(3)机油滤清器;

(4)燃油滤清器；

(5)火花塞；

(6)制动衬片；

(7)离合器片(手动变速器)；

(8)轮胎；

(9)蓄电池(12V)；

(10)遥控器电池；

(11)灯泡；

(12)刮水器刮片；

(13)熔断丝及普通继电器(不含集成控制单元)。

50.汽车产品中特殊零部件的种类范围由生产者明示在三包凭证上。需要根据车辆识别代号等定制的特殊零部件包括防盗系统和全车主线束。其中,防盗系统不应超出点火锁芯、钥匙、防盗控制单元。

51.对于纯电动、插电式混合动力汽车产品,在三包凭证中需要列出其动力蓄电池容量衰减限值。应明确采用 A·h 或 W·h 判断动力蓄电池容量,容量衰减限值的时间节点应至少包括汽车产品三包有效期和汽车产品包修期,有其他期间容量衰减限值的可列出。

52.《事故汽车修复技术规范》(JT/T 795—2011)规定了事故汽车修复的作业流程、工艺要求、配件修换原则及质量保证。该标准适用于汽车事故损伤的修复。

53.事故汽车修复是指为恢复事故汽车损伤部位的几何尺寸和使用性能,使之接近或达到原车技术状况的作业过程。

54.受损件是指因事故导致技术参数、性能指标不能达到相关技术标准或原设计要求,需要更换或修理的零部件。

55.弯曲变形是指损伤部位与非损伤部件过渡平滑、连续,可以通过拉拔矫正使之恢复到事故前的状态而不会留下永久性变形的损伤形式。

56.折曲变形是指弯曲变形剧烈,曲率半径很小,通常在很短的长度上弯曲90°以上,通过拉拔矫正仍有明显的裂纹和开裂,或者出现永久变形带,须经高温热处理才能恢复到事故前状态的损伤形式。

57.事故汽车修复完成后应进行竣工检验,一级损伤的事故汽车修复后应进行全项检验；二级损伤、三级损伤的事故汽车修复后可根据维修项目及损伤关联情况进行部分项目检验。

58.进行事故汽车总成分解后,应对零部件进行清洗、检查,按照"可用""需修"和"不可用"对零部件的完好(或损坏)状态和可修复(或不可修复)状态进行标识、分类。

59.车架或承载式车身变形后,应使用专业的拉伸、整形设备和测量工具进行形状和位置恢复。车架、车身校正应满足以下要求：

(1)拉伸校正应定位准确、牢靠;拉伸强度、方向合理；

(2)拉伸校正应遵循"多点多向拉伸"原则,并充分释放各构件的应力；

(3)在每次拉伸前、拉伸中和拉伸后应进行尺寸测量,防止拉伸不足或拉伸过度。

60.车架或承载式车身结构件应在冷态下进行机械校正。变形严重,用冷压不易校正时,允许局部加热校正,高强度以上钢板加热温度不得高于200℃,低碳钢钢板加热温度不得高于700℃,加热持续时间均不得超过3min,且不得用铁锤直接击打,并自然冷却。

61. 对事故汽车进行涂装时,金属板上不显著的凹凸部位,允许用腻子填平。腻子厚度不得超过3mm。腻子的选用和刮涂应正确、合理,干燥后应粘接牢固,打磨平整光滑。

62. 事故汽车的车门防撞杆、防撞梁、中柱加强板和前后保险杠加强梁等超高强度车身板件,损坏后在冷态下不能校正的,应予以更换。连接车身与车架、车身板件之间的车身紧固件损坏后,应予以更换。

63. 《机动车维修服务规范》(JT/T 816—2021)规定了机动车维修服务的基本要求,以及维修服务流程、服务质量管理、安全管理、环保管理等要求。该标准适用于从事汽车整车维修、综合小修和专项维修的机动车维修经营者,其他机动车维修经营者可参照使用。

64. 经营者应在业务接待区域醒目位置公示以下信息:
(1)营业执照;
(2)业务受理程序;
(3)服务质量承诺;
(4)投诉受理程序和方式;
(5)所在地道路运输管理机构监督投诉电话;
(6)从事机动车维修救援服务的,应公示服务时间、电话、收费标准;
(7)企业负责人、技术负责人、业务接待员、质量检验员及主要维修技术人员等信息。

65. 经营者应建立适合本企业的机动车维修服务流程。机动车维修服务基本流程包括:维修接待、进厂检验、维修作业与过程检验、竣工检验、结算交车、建立机动车维修档案、返修与抱怨处理、跟踪服务。

66. 维修接待主要包括进厂维修接待、预约维修接待、救援接待。

67. 机动车维修作业人员应按照派工单、相关标准要求及机动车生产企业提供的维修手册、使用说明书和有关技术资料进行维修作业。

68. 质量检验人员应实施车辆维修过程检验,并做好检验记录。检验不合格的作业项目应返工,返工后应重新进行检验,并保留重新检验记录。

69. 机动车维修经营者应严格按照备案并公示的维修工时定额及单价、配件价格等核定维修费用。

70. 在质量保证期和承诺的质量保证期内,车辆因同一故障或者维修项目经两次修理仍不能正常使用的,经营者应负责联系其他经营者修理,并承担相应修理费用。

71. 电动汽车维修作业区应根据不同的检测维修项目划分相应的功能区。各区域之间应设置标示线或隔离设施,高压检测和维修作业区应铺设高压绝缘毯或高压绝缘胶垫。

72. 机动车维修产生的挥发性有机物(VOCs)应集中收集并导入治理设施,实现达标排放。

73. 《混合动力电动汽车维护技术规范》(JT/T 1029—2016)规定了混合动力电动汽车维护的作业安全和技术要求。该标准适用于总质量不小于3500kg的混合动力电动汽车。

74. 对混合动力电动汽车进行维护作业时,应遵守以下作业安全要求:
(1)进行高压电路维护时,工作区域应用隔离栏隔离,并悬挂警示牌。

(2)进行高压电路维护的人员应经专业培训合格。

(3)进行高压电路维护时,应佩戴符合技术要求的绝缘手套、绝缘鞋,使用绝缘工具。

(4)进行高压电路维护时,应断开高压电路,直到整车维护作业完成后才能接通。

(5)进行动力蓄电池组(超级电容组)维护时,应先断开低压电源。

(6)禁止同时接触动力蓄电池组(超级电容组)的正负极。

(7)禁止用水直接清洗电气系统部件。

(8)进行高压系统绝缘检测时,应断开高压电路和重要总成。

75. 混合动力电动汽车维护作业时,依次进行电动系统专用装置维护作业、天然气专用装置维护作业和常规车辆维护作业。

76. 混合动力电动汽车电动系统专用装置二级维护竣工检验,应符合紧固程度、绝缘性能、安全标志和路试等检验要求。

77. 混合动力电动汽车二级维护竣工检验的路试检验要求为车辆通电后,检查仪表显示屏主界面,应无故障报警信息。动力蓄电池组(超级电容组)剩余电量应符合要求。起动车辆,在车辆行驶过程中应满足:

(1)车辆起动平稳,电气系统工作正常;

(2)加速平稳,无明显冲击感;

(3)能量回收过程中制动、滑行均匀、平稳;

(4)行驶过程中,仪表显示屏工作正常。

78.《纯电动汽车维护、检测、诊断技术规范》(JT/T 1344—2020)规定了纯电动汽车维修的作业安全和作业要求等。该标准适用于在用纯电动汽车。

79. 电动系统专用装置维护是指为维持纯电动汽车上的高压系统及其相关附件的完好技术状况或工作能力而进行的作业。

80. 纯电动汽车维护作业安全要求:

(1)维护作业场地应干燥,并设置警示隔离区和警示牌。

(2)维护作业区域应配备消防及高压防护应急设备,包括但不限于消防剪、消防沙、消防铲、灭火器、防毒面罩和绝缘棒等。

(3)纯电动汽车高压系统(以下简称高压系统)维护作业人员应取得电工特种作业操作证,并经专业培训合格后上岗。

(4)高压系统维护作业时,应由不少于2人协同操作,维护作业人员应遵守电工安全操作规范。

(5)高压系统维护作业人员应穿戴安全防护装备,使用具有绝缘防护的作业工具,禁止佩戴金属饰品作业。安全防护装备应包括但不限于绝缘手套(耐压等级在1000V以上)、绝缘鞋、眼护具、安全帽等。防护装备和作业工具应无破损,绝缘有效。

(6)高压系统维护作业前,应按照关闭车辆电源总控制开关、断开辅助蓄电池正负极或关闭辅助蓄电池开关手柄、关闭高压维修开关的顺序(或按照车辆维护手册规定的顺序)对车辆进行断电,确认动力蓄电池高压输出线路系统的正负极电压低于36V,且绝缘阻值符合车辆维护手册规定后,方可进行维护作业。维护作业完成后,应按照车辆断电的逆向顺序(或车辆维护手册规定的顺序)对车辆进行通电复位。

(7)车辆维修手册规定有其他操作安全和故障防护特殊要求的,还应遵循其相关规定要求。

81. 纯电动汽车一级、二级维护周期应按照车辆维修手册、使用说明书及《汽车维护、检测、诊断技术规范》(GB/T 18344—2016)的规定,结合车辆类别、车辆运行状况、行驶里程、道路条件和使用年限等确定。

82. 纯电动汽车应按照车辆维修手册或使用说明书要求的频次和方法对动力蓄电池进行均衡。

83. 纯电动汽车一级维护中整车绝缘的作业要求:检查整车绝缘电阻监测系统,绝缘电阻监测系统无报警,如存在异常情况,参照《绝缘电阻检测记录表》进行检查并记录,绝缘电阻应符合《电动汽车安全要求》(GB 18384—2020)的规定。

84. 《道路运输企业车辆技术管理规范》(JT/T 1045—2016)规定了道路运输企业车辆技术管理的机构及人员、车辆选购、车辆使用、车辆维修、车辆检测评定、车辆处置、车辆技术档案和车辆技术管理考核。该标准适用于道路旅客运输、普通货物运输和危险货物运输车辆的技术管理,其他车辆的技术管理可参照使用。

85. 《道路运输企业车辆技术管理规范》(JT/T 1045—2016)规定,危险货物运输企业、拥有10辆(含)以上营运车辆的道路旅客运输企业和拥有30辆(含)以上营运车辆的普通货物运输企业,应设置专门的车辆技术管理机构,配备技术负责人和车辆技术管理人员。拥有10辆以下营运车辆的道路旅客运输企业和拥有30辆以下营运车辆的普通货物运输企业,应配备车辆技术管理人员。

86. 车辆技术管理人员的配备要求为:

(1)道路危险货物运输车辆、道路旅客运输车辆(以下简称客车)每50辆车应配1人,不足50辆的应至少配1人;

(2)道路普通货物运输车辆每100辆车应配1人,不足100辆的应至少配1人;

(3)若企业同时经营道路旅客运输、普通货物运输、危险货物运输中的两种或两种以上业务,配备标准应按照上述(1)(2)分别测算。

87. 车辆技术管理人员应熟悉与道路运输生产相关的政策法规、标准规范和汽车构造、使用与维修等知识,并具备以下条件之一:

(1)中专及以上学历;

(2)助理工程师及以上专业技术职称或中级工及以上职业技能等级;

(3)2年以上道路运输行业从业经历。

88. 道路运输企业应组织车辆技术管理人员和驾驶员对新购车型的技术性能、使用要求进行技术培训。设有机动车维修机构的运输企业,还应组织维修人员对新购车型的技术性能、修理方法进行技术培训。

89. 道路运输企业应建立轮胎管理台账,准确记录轮胎的厂牌、规格、胎号、换装日期及维修、报废信息,定期登记实际行驶里程、累计行驶里程。

90. 同一轴上的轮胎规格、花纹、厂牌及层级应相同,斜交胎与子午线胎、有内胎与无内胎的轮胎不得同轴混装。

91. 道路运输企业应根据车辆维护周期要求,制订车辆维护计划,并按期组织实施。

92. 道路运输企业应按期组织车辆进行安全技术检验、环保检验和综合性能检测(含技术等级评定、客车类型等级评定或年度类型等级评定复核),检测周期和频次应符合有关规定。车辆检测后,应及时归档检测报告或凭证,并在档案中记载有关信息。检测不合格的车辆,应及时维修、调整,经复检合格后方可安排运输任务。

93. 道路运输企业应建立车辆技术档案管理制度,内容包括档案管理部门及职责、建档、保存、更新和转出。车辆技术档案实行一车一档,由专人负责,妥善保存,未经允许不得随意借出。档案内容应包括车辆基本信息、车辆技术等级评定、客车类型等级评定或年度类型等级评定复核、车辆维护和修理、车辆主要零部件更换、车辆变更、行驶里程、对车辆造成损伤的交通事故等记录。

94. 道路运输企业应制定车辆技术管理考核的标准或细则,考核内容包括:
(1) 机构设置及人员配备情况;
(2) 人员培训情况;
(3) 制度建设及执行情况;
(4) 技术档案管理情况;
(5) 年度技术质量目标完成情况。

95. 《汽车修理质量检查评定方法》(GB/T 15746—2011)规定了汽车修理质量检查的评定要求及评审规则。该标准适用于对汽车整车、发动机及车身修理质量的行业检查。

96. 汽车整车修理质量评定是指对汽车整车修理竣工质量和汽车整车修理过程中维修档案完善程度的综合评价。

97. 汽车发动机修理质量评定是指对汽车发动机修理竣工质量和汽车发动机修理过程中维修档案完善程度的综合评价。

98. 汽车车身修理质量评定是指对汽车车身修理竣工质量和汽车车身修理过程中维修档案完善程度的综合评价。

99. 汽车整车修理维修档案的评定,应包括核查维修合同、汽车整车修理进厂检验单、过程和竣工检验单、机动车维修竣工出厂合格证、维修工时费和材料费结算清单6个核查项目。

100. 汽车整车修理竣工质量的评定应包括整车外观及装备检查、总成机构检查及主要技术性能测试等方面的50个核查项目。

101. 汽车发动机修理竣工质量的评定,应包括发动机外观及装备检查,起动性能和运转性能检查,动力性、经济性、排放性能检测等。其中,汽油发动机和柴油发动机各16个核查项目。

102. 汽车车身修理竣工质量的评定应包括外观尺寸,内外蒙皮及油漆的外观检查,货箱、行李舱、门窗、座椅及附件的检查等。其中,客车和货车各18个核查项目。

103. 汽车修理质量评定结果用综合项次合格率(β_0)表示,分为优良、合格、不合格三个等级。汽车修理质量的综合判定标准见表1-1-1。

汽车修理质量的综合判定标准　　　　　　表1-1-1

等　　级	综合判定标准
优良	"关键项"均合格,且$\beta_0 \geq 95\%$(大型营运货车*为$\beta_0 \geq 90\%$)
合格	"关键项"均合格,$85\% \leq \beta_0 < 95\%$(大型营运货车为$80\% \leq \beta_0 < 90\%$)
不合格	"关键项"均合格,$\beta_0 < 85\%$(大型营运货车为$\beta_0 < 80\%$)

注:*大型营运货车指最大允许总质量大于或等于25000kg的营运货车。

104.《电动汽车用驱动电机系统 第1部分:技术条件》(GB/T 18488.1—2015)规定了电动汽车驱动电机系统的工作制、电压等级、型号命名、要求、检验规则以及标志与标识等。该标准适用于电动汽车用驱动电机系统、驱动电机、驱动电机控制器。对仅具有发电功能的车用电机及其控制器,可参照本部分执行。

105.驱动电机应空转灵活,无定转子相擦现象或异常响声(如周期性的异响、轴承受损后的异响、微小异物卡滞在转动部位引起的异响等);驱动电机控制器应具有满足整车要求的通信功能、故障诊断的功能。

106.驱动电机控制器壳体应能承受不低于10kPa的压强,不发生明显塑性变形。

107.对于液冷的驱动电机及驱动电机控制器,应能承受不低于200kPa的压力,无渗漏。

108.驱动电机定子绕组对机壳的冷态绝缘电阻值应大于20MΩ。

109.驱动电机控制器动力端子与外壳、信号端子与外壳、动力端子与信号端子之间的冷态及热态绝缘电阻均应不小于1MΩ。

110.驱动电机及驱动电机控制器中能触及的可导电部分,与外壳接地点处的电阻不应大于0.1Ω。接地点应有明显的接地标志。若无特定的接地点,应在有代表性的位置设置接地标志。

111.《电动汽车用驱动电机系统 第2部分:试验方法》(GB/T 18488.2—2015)规定了电动汽车用驱动电机系统试验用的仪器仪表、试验准备及各项试验方法。该标准适用于电动汽车用驱动电机系统、驱动电机、驱动电机控制器。对仅具有发电功能的车用电机及其控制器,可参照本部分执行。

112.电动汽车驱动电机系统的一般性试验项目包括:外观、外形和安装尺寸、质量、驱动电机控制器壳体机械强度、液冷系统冷却回路密封性能、驱动电机定子绕组冷态直流电阻、绝缘电阻、耐电压、超速试验。

113.电动汽车驱动电机系统的绝缘电阻试验包括:驱动电机定子绕组对机壳的绝缘电阻、驱动电机定子绕组对温度传感器的绝缘电阻、驱动电机控制器绝缘电阻。

114.电动汽车驱动电机系统的安全性试验包括:安全接地检查、控制器保护功能、驱动电机控制器支撑电容放电时间。

115.进行电动汽车驱动电机系统的绝缘电阻试验时,当最高工作电压不超过250V时,应选用500V兆欧表,当最高工作电压超过250V,但是不高于1000V时,应选用1000V兆欧表。

116.电动汽车驱动电机系统绝缘电阻试验测量结束后,每个回路应对接地的机壳(部分)作电气连接使其放电。

117.《电动汽车用驱动电机系统可靠性试验方法》(GB/T 29307—2012)规定了电动汽车用驱动电机系统在台架上的一般可靠性试验方法,其中包括可靠性试验负荷规范及可靠性评定方法。该标准适用于最终动力输出为电动机单独驱动或电动机和发动机联合驱动的电动汽车用驱动电机系统。

118.《电动汽车DC/DC变换器》(GB/T 24347—2021)规定了电动汽车DC/DC变换器的技术要求、试验方法。该标准适用于电动汽车用DC/DC变换器,其他具有DC/DC转换功能的电路参照本文件。

119. DC/DC 在恒压状态下运行,其电压控制误差应不超过 ±2%。

120. DC/DC 在恒流状态下运行,当被控电流大于或等于额定电流的 20% 时,其电流控制误差应不超过 ±2%;当被控电流小于额定电流的 20% 时,其电流控制误差应符合产品技术文件的规定。

121. DC/DC 在负载发生跃变时,输出电压的超调量应不大于 10%,恢复时间应不大于 5ms。燃料电池动力系统用 DC/DC 在输出负载发生跃变时,输入电流超调量应不大于 10%,恢复时间应不大于 20ms。

122. DC/DC 无输出状态下,与低压蓄电池有固定电气连接(无法控制断开)的端口,静态电流应不大于 3mA。

123. DC/DC 的绝缘电阻应满足以下要求,或者符合产品技术文件规定:
(1) 各独立带电电路与地(外壳)之间的绝缘电阻不小于 10MΩ;
(2) 无电气联系的各电路之间的绝缘电阻不小于 10MΩ。

124. DC/DC 中能触及的可导电部分与外壳接地点处的电阻应不大于 0.1Ω。接地点应有明显的接地标志。若无特定的接地点,应在有代表性的位置设置接地标志。

125.《电动汽车用电池管理系统功能安全要求及试验方法》(GB/T 39086—2020)规定了电动汽车用动力蓄电池管理系统(简称"动力蓄电池管理系统")的功能安全要求及试验方法。该标准适用于电动乘用车用锂离子动力蓄电池管理系统,其他类型动力蓄电池管理系统及其他类型车辆的动力蓄电池管理系统可参照执行。

126. 为满足车辆安全运行,确保车辆内部、外部人员以及车辆环境的安全,动力蓄电池管理系统应对动力蓄电池的安全运行进行监控和保护。

127.《电动汽车产品使用说明 应急救援》(GB/T 38117—2019)规定了电动汽车产品使用说明中应急救援的内容和编制要求。该标准适用于电动汽车使用说明中应急救援内容的编制。

128. 电动汽车产品使用说明的应急救援部分,应包括电动汽车的产品信息、安全标志信息、紧急救援处置程序信息和车辆制造厂认为必要的其他信息等内容,并按上述顺序编制。

129. 车辆基本信息应包含商标或厂标、车辆照片、车辆型号、外廓尺寸、额定载客数、总质量等信息。车辆照片应至少提供车头 45°和车尾 45°照片。

130. 动力系统信息包括以下内容:
(1) 应以车型侧视透视图和俯视透视图的方式给出电动汽车蓄电池包、高压线缆、电机等关键部件的位置示意,并以不同的颜色予以区分。当车型透视图还包括其他信息时,应予以标注说明。
(2) 混合动力电动汽车除(1)要求外,还应提供燃料类型和油箱容量等信息。涉及位置的信息应以车型侧视透视图和俯视透视图的方式给出。
(3) 燃料电池电动汽车除(1)要求外,还应给出燃料电池系统、车载供氢系统和可能发生泄漏的部位等信息。涉及位置的信息应以车型侧视透视图和俯视透视图的方式给出。
(4) 应给出电动汽车动力蓄电池单体类型、额定电压和额定容量,蓄电池包的数量、尺寸、电压、容量和重量、蓄电池系统额定电压和额定容量等信息。

131. 应急装置信息:应说明电动汽车产品中所有应急装置和逃生装置的名称、功能、位置和使用方法,应以车型俯视透视图和侧视透视图的方式说明其位置,应以实物照片的形式说明其形貌。

132. 电动汽车产品紧急救援处置程序应包括但不限于以下信息:
(1)应急救援人员所需防护装具的种类及防护性能的最低要求等相关信息;
(2)确保车辆停止运动的操作方式,并以图示方式予以说明;
(3)高压电切断的程序,所有用于高压电切断的部件和操作方法,应使用图示表明其形貌、位置和操作步骤;
(4)燃料电池电动汽车还应给出氢气泄漏和氢火焰探测所需的设备及方法;
(5)应急救援人员不易切割、扩张的部位和不能切割、扩张、刺穿的部位,并以图示加以说明;
(6)涉水车辆和着火车辆应急处置方法及注意事项、乘员紧急疏散撤离的方法及注意事项;
(7)事故后车辆撤离现场及临时停放的方法和注意事项等。

133. 《电动汽车灾害事故应急救援指南》(GB/T 38283—2019)给出了电动汽车发生火灾、碰撞、泡水等灾害事故时的灭火和应急救援指导。该标准适用于专职救援人员对纯电动汽车和混合动力电动汽车事故应急救援,不适用于燃料电池电动汽车事故应急救援。

134. 主动式灭火是指当发生有人员被困或高压蓄电池未起火时,在做好个人防护的情况下,采用的一种主动的灭火战术。

135. 防护式灭火是指当高压蓄电池发生燃烧且没有人员被困时,在灭火条件不充分的情况下,采取的一种防护式的灭火战术。

136. 电动汽车出现灾害事故时,首先需要对现场进行评估,通过外部观察和仪器监测,判断事故车辆动力蓄电池和高压电系统的受损情况以及动力蓄电池可能引发的爆炸燃烧的危险因素及后果,做好事故救援准备。

137. 电动汽车灾害事故现场的警戒要求如下:
(1)对于事故现场,首先需考虑通过侦测现场情况,确定警戒范围,设置警戒标志。
(2)通常在事故车辆周边10m范围设置工作区,尽可能禁止无关车辆、人员、船只进入;在5m范围设置作业区,只允许直接负责治疗或解救被困者的救援人员进入。
(3)需持续监测易燃、有毒气体,监测事故车辆动力蓄电池部位温度,适时调整警戒范围。

138. 电动汽车灾害事故现场的漏液处置要求如下:
(1)当出现除电解液外的其他液体从车辆中漏出时,宜按照燃油车辆处置方法进行处置。
(2)电解液泄漏时,有大量的有毒气体溢出,需要佩戴全套呼吸防护装备,并控制外部火源,避免电解液被引燃。
(3)如有可能,宜尽量使用吸附材料等收集电解液,防止其污染环境。

139. 救援人员需要熟悉电动汽车及其结构,接受相关培训,在事故现场可做到快速切断电源和避免高压电的威胁。

140. 电动汽车发生事故时,尤其是蓄电池发生破损或燃烧时,除电击危险外,还会释放大量有毒、有害气体,为确保救援人员的安全,个人防护装备参照以下配备:
(1)处置火灾事故时,救援人员尽可能穿戴全套个人防护装备和呼吸防护装备;

(2)处置碰撞、涉水事故时,救援人员尽可能佩戴全套电绝缘装具,水域救援时穿戴所需的水域救援防护装备。

141.电动汽车碰撞事故救援处置程序如下:

(1)设置警戒标志;

(2)识别车辆,评估后确定救援方案;

(3)做好救援人员的安全防护;

(4)操作之前固定车辆、切断电源;

(5)确定高压蓄电池及部件位置;

(6)人员搜救及车辆处置;

(7)现场清理。

142.在对事故车辆进行破拆等操作时,需要动态观察动力蓄电池状态,对蓄电池受损车辆,救援人员需对受损蓄电池进行全程观察,并利用热成像仪、测温仪等器材对蓄电池温度进行实时监测,一旦发现内部温度急剧升高或有烟雾释放时,存在燃烧或爆炸的危险,须立即停止作业,采用喷雾水枪实施掩护,防止突发事故威胁被困人员和救援人员安全。

143.对事故造成燃油泄漏的,在破拆时需喷射泡沫覆盖泄漏区域,防止因金属碰撞或破拆时产生的火花引发燃油蒸汽爆炸燃烧。

144.在高压蓄电池电量全部放出之前,尽可能将车辆置于距离建筑物或其他车辆15m之外的地方,当条件无法满足时,宜将车辆置于一个相对封闭的安全区域,避免对周边建筑物和车辆造成破坏。

145.在转移车辆时,不能直接进行拖挂,宜根据电动汽车转运要求进行转移,否则强行拖行驱动轮会导致高压蓄电池系统发生火灾。

146.当高压蓄电池着火时,大量消防水的使用可降低蓄电池及其内部的温度,可有效阻止燃烧和防止复燃,因此需要使用大量的、持续的消防水,如扑灭蓄电池着火的乘用车时应确保10t以上的消防水。

147.灭火时,不能为了将灭火剂顺利喷射到蓄电池内部,而对车辆的结构进行刺穿、切割、撬、拆除等操作。

148.灭火时,不能使用工具刺穿车前动力装置罩,以免穿透蓄电池区域的高压部件而造成严重的电击。

149.如果高压蓄电池区域着火,宜使用热像仪监控蓄电池区域温度,以防止复燃。

150.《电动汽车用传导式车载充电机》(GB/T 40432—2021)规定了电动汽车传导式车载充电机的技术要求和试验方法。该标准适用于标称输入电压为220V(AC)(单相)或380V(AC)(三相)、输出电压不超过1500V(DC)的电动汽车传导充电用车载充电机,其他类型的车载充电机可参考使用。

151.车载充电机的启动输入冲击电流峰值不超过额定负载稳定工作时输入电流峰值的120%。

152.具有恒压输出特性的车载充电机,限压输出状态时其输出电压误差应不超过±1%。

153.车载充电机为限流输出状态时,当输出电流大于10A时,输出电流误差应不超过±5%;当输出电流不大于10A时,输出电流的偏差应不超过±0.5A。

154. 车载充电机的绝缘电阻应满足以下要求:
(1)各独立带电端口回路与地(外壳)之间的绝缘电阻不小于10MΩ;
(2)彼此无电气联系的各带电端口回路之间的绝缘电阻不小于10MΩ。

155. 车载充电机的交流端口任一相线或中线和可触及金属外壳之间的接触电流应不大于3.5mA。

156. 具有逆变功能的车载充电机,逆变输出正弦波交流电压精度应不超过额定交流电压的±5%;逆变输出正弦波交流电压的频率应为50Hz±0.5Hz。

157. 具有逆变功能的车载充电机,由于负载电流突变引起的交流输出电压峰值应不超过额定交流峰值电压的±15%,电压变化响应恢复时间应不大于20ms。

158. 具有逆变功能的车载充电机,在额定输入条件,额定功率输出状态下,逆变效率应不小于92%。

159. 《机动车排放定期检验规范》(HJ 1237—2021)规定了机动车排放检验机构的检验系统组成与技术要求、日常运行和维护要求、标准物质、检验技术要求、数据记录及修约、质量保证等内容。该标准适用于机动车排放检验机构开展汽车排放定期检验和注册登记检验。该标准适用于县级以上生态环境主管部门依法开展机动车排放检验机构监督管理工作。该标准不适用于机动车环境噪声检验检测。

160. 机动车排放检验机构是指按照法律法规和标准规定,具备检验检测资质,开展机动车注册登记排放检验及排放定期检验工作,并向社会出具具有证明作用的检验检测数据、结果、报告的机构,简称检验机构。

161. 检验系统组成应包括外观检验、车载诊断系统(OBD)检查、排气污染物检测、数据采集与处理、视频监控、校准和比对等过程必要的设施及仪器。

162. 检验机构的排气分析仪应满足以下要求:
(1)应具备日常检查功能,检查项目符合相关要求。
(2)省级生态环境主管部门可根据实际管理需要,要求检验机构对除柴油车用不透光烟度计外的排气分析仪进行物理隔离,废气应通过管路排出操作间外。
(3)使用转化炉原理测量氮氧化物的排气分析仪进行排气污染物检测时,应确保转化炉正常启动且NO转化剂组件有效工作。
(4)排气分析仪采样管长度应小于7.5m,不透光烟度计采样管长度应小于3.5m,采样管路包含取样探头、取样管、过滤器等。
(5)应避免干扰检验结果、弄虚作假的行为。如:检验设备与检验无关的物品连接,采样管路泄漏、弯折、堵塞等。

163. 检验机构应保存排放检验实施过程中的所有原始记录,包括:车辆信息、检测条件、检测设备、检测方法、检测人员以及检测过程数据的原始记录、设备自检及周期性检查、照片或视频等相关佐证材料,确保能够追溯车辆的检测过程。

164. 检验机构应定期组织开展检验能力验证和比对试验,每半年至少组织一次,每次进行比对试验结果和数据应记录保存归档。

165. 检验报告批准人应为检验机构的法定代表人,或者由法定代表人授权符合要求的人员担任。

考试模拟题

一、是非判断题

1. 消防工作应按照政府统一领导、部门依法监管、单位全面负责、公民积极参与的原则，实行消防安全责任制。（√）

2. 单位的技术负责人是本单位的消防安全责任人。（×）

3. 同一建筑物由两个以上单位管理或者使用的，应当明确各方的消防安全责任，并确定唯一责任人对共用的疏散通道、安全出口、建筑消防设施和消防车通道进行统一管理。（×）

4. 三包有效期内销售者收到消费者提出的更换家用汽车产品或者退货要求的，应当自收到相关要求之日起15个工作日内向消费者作出答复。（×）

5. 严重安全性能故障指家用汽车产品存在的危及人身、财产安全，致使无法安全使用的质量问题。（√）

6. 汽车维修电子健康档案是以车辆识别代码（VIN）为唯一标识的汽车从购置到报废过程中汽车维修电子记录的总和。（√）

7. 汽车修理质量评定是对汽车修理竣工质量中维修档案完善程度的综合评价。（×）

8. 有手动选择功能的混合动力电动汽车，车辆的行驶模式可根据不同工况自动切换。（×）

9. 绝缘电阻监测系统是对动力蓄电池及连接高压母线和车辆底盘之间的绝缘电阻进行定期（或持续）监测的系统。（√）

10. DC/DC变换器是指将某一直流电源电压转换成任意直流电压的变换器。（√）

11. 荷电状态（SOC）是指当前蓄电池中按照规定放电条件可以释放的容量占可用容量的百分比。（√）

12. 折曲变形是指损伤部位与非损伤部件过渡平滑、连续，可以通过拉拔矫正使之恢复到事故前的状态而不会留下永久性变形的损伤形式。（×）

13. 维修接待主要包括进厂维修接待、预约维修接待、救援维修接待、事故车维修接待。（×）

14. 机动车维修经营者应严格按照备案并公示的维修工时定额及单价、配件价格等核定维修费用。（√）

15. 电动汽车维修作业时，涉及高压检测和维修的作业区域应铺设高压绝缘毯或高压绝缘胶垫。（√）

16. 进行动力蓄电池组（超级电容组）维护时，应先断开高压电源。（×）

17. 进行高压电路维护时，应佩戴符合技术要求的绝缘手套、绝缘鞋，使用绝缘工具。（√）

18. 混合动力电动汽车电动系统专用装置二级维护竣工检验应符合润滑程度、绝缘性能、安全标志和路试等检验要求。　　　　　　　　　　　　　　　　　　　　（×）

19. 电动系统专用装置维护是指为维持纯电动汽车上的高压系统及其相关附件的完好技术状况或工作能力而进行的作业。　　　　　　　　　　　　　　　　　　　　（√）

20. 纯电动汽车高压系统维护作业时,应由不超过3人协同操作,维护作业人员应遵守电工安全操作规范。　　　　　　　　　　　　　　　　　　　　　　　　　（×）

21. 道路运输企业宜优先选购燃气、纯电动、混合动力等清洁能源或新能源汽车。（√）

22. 同一轴上的轮胎规格、花纹、厂牌及层级应相同,斜交胎与子午线胎、有内胎与无内胎的轮胎可同轴混装。　　　　　　　　　　　　　　　　　　　　　　　　（×）

23. 驱动电机控制器应具有满足整车要求的通信功能、故障诊断的功能。　　（√）

24. 驱动电机定子绕组对机壳的冷态绝缘电阻值应小于20MΩ。　　　　　　（×）

25. DC/DC无输出状态下,与低压蓄电池有固定电气连接的端口,静态电流应不大于3mA。　　　　　　　　　　　　　　　　　　　　　　　　　　　　　　　　　（√）

26. 电动汽车产品使用说明中紧急救援处置程序应包括:应急救援人员所需防护装具的种类及防护性能的主要要求等相关信息。　　　　　　　　　　　　　　　　　（×）

27. 电动汽车灾害事故的救援人员需要熟悉电动汽车及其结构,接受相关培训,在事故现场可做到快速切断电源和避免高压电的威胁。　　　　　　　　　　　　　　（√）

28. 车载充电机的启动输入冲击电流峰值不超过额定负载稳定工作时输入电流峰值的150%。　　　　　　　　　　　　　　　　　　　　　　　　　　　　　　　　（×）

29. 《机动车排放定期检验规范》(HJ 1237—2021)适用于县级以上生态环境主管部门依法开展机动车排放检验机构监督管理工作。　　　　　　　　　　　　　　　（√）

二、单项选择题

1. 更换家用汽车产品或者退货的,消费者应当向销售者支付家用汽车产品使用补偿费。补偿费计算公式中,使用补偿系数 n 为(C)。

　　A. 0.5%～0.8%　　B. >0.5%　　C. ≤0.5%　　D. ≤0.8%

2. 家用纯电动、插电式混合动力汽车产品的动力蓄电池在包修期、三包有效期内的(B),应当明示在三包凭证上。

　　A. 充电特性　　B. 容量衰减限值　　C. 额定容量　　D. 荷电状态

3. 根据2021年修订的《家用汽车产品修理更换退货责任规定》,在三包有效期内,因质量问题累计修理时间超过(D),或者因同一质量问题累计修理超过(D)的,消费者可凭购车发票、三包凭证选择更换家用汽车产品或者退货。

　　A. 35日,5次　　B. 35日,4次　　C. 30日,5次　　D. 30日,4次

4. 三包有效期内,动力蓄电池、行驶驱动电机因其质量问题累计更换(B)仍不能正常使用的,可退换车。

　　A. 1次　　B. 2次　　C. 3次　　D. 5次

5. 有(A)行为的,处警告或者五百元以下罚款;情节严重的,处五日以下拘留。

　　A. 违反消防安全规定进入生产、储存易燃易爆危险品场所的

B. 损坏、挪用或者擅自拆除、停用消防设施、器材的
C. 过失引起火灾的
D. 不组织的消防演练的

6. 在中国境内销售的家用汽车产品,其三包责任由(C)依法承担。
   A. 消费者　　　　　B. 生产者　　　　　C. 销售者　　　　　D. 其他经营者

7. 修理者应当建立修理记录存档制度,修理记录保存期限不得低于(B)年。
   A. 4年　　　　　　B. 6年　　　　　　C. 7年　　　　　　D. 8年

8. (C)指在汽车维修过程中,采用先进的工艺设备和诊断技术,实现提高维修效率、减少环境污染和节能减排的维修生产和组织方式。
   A. 汽车维修　　　　B. 汽车检测　　　　C. 绿色维修　　　　D. 汽车诊断

9. 下列不属于汽车维修配件的是(C)。
   A. 发动机　　　　　B. 驱动电机　　　　C. 燃料　　　　　　D. 润滑油

10. 汽车滑行、减速或下坡时将车辆行驶过程中的动能及势能转化或部分转化为车载可充电储能系统的能量存储起来的系统被称为(D)。
    A. 动力蓄电池系统　B. 驱动电机系统　　C. 高压系统　　　　D. 制动能量回收系统

11. 高压系统是指电动汽车内部(B)电压以上与动力蓄电池直流母线相连,或由动力蓄电池电源驱动的高压驱动零部件系统。
    A. A级　　　　　　B. B级　　　　　　C. C级　　　　　　D. D级

12. 坡道起步能力是指电动汽车在坡道上能够起动,且1min内向上行驶至少(C)的最大坡度。
    A. 5m　　　　　　B. 8m　　　　　　C. 10m　　　　　　D. 15m

13. 最大工作电压大于30V AC(RMS)且小于或等于1000V AC(RMS)的属于(B)电压电路。
    A. A级　　　　　　B. B级　　　　　　C. C级　　　　　　D. D级

14. 控制动力电源与电机之间能量传输的装置是(A)。
    A. 电机控制器　　　B. 整车控制器　　　C. 动力总成控制器　D. 充电控制器

15. 《家用汽车产品三包主要零部件种类范围及三包凭证》(GB/T 29632—2021)中规定,三包凭证中的车辆类型应填写为乘用车或(A)。
    A. 皮卡车　　　　　B. 越野车　　　　　C. 货车　　　　　　D. 轿车

16. 事故汽车修复完成后应进行竣工检验,(C)损伤的事故汽车修复后应进行全项检验。
    A. 三级　　　　　　B. 二级　　　　　　C. 一级　　　　　　D. 以上都是

17. 对事故汽车进行涂装时,金属板上不显著的凹凸部位,允许用腻子填平,腻子厚度不得超过(B)。
    A. 1mm　　　　　　B. 3mm　　　　　　C. 4mm　　　　　　D. 5mm

18. 纯电动汽车高压系统维护作业人员应取得(D)特种作业操作证,并经专业培训合格后上岗。
    A. 焊接与热切割　　B. 制冷与空调　　　C. 高处　　　　　　D. 电工

19. 纯电动汽车高压系统维护作业人员应穿戴安全防护装备,其中绝缘手套的耐压等级应在(B)以上。
   A. 500V　　　　B. 1000V　　　　C. 7500V　　　　D. 1700V

20. 驱动电机控制器壳体应能承受(A)的压强,不发生明显塑性变形。
   A. 不低于10kPa　　B. 不低于20kPa　　C. 不高于10kPa　　D. 不高于20kPa

21. 《电动汽车灾害事故应急救援指南》(GB/T 38283—2019)不适用于(C)事故应急救援。
   A. 纯电动汽车
   B. 并联式混合动力电动汽车
   C. 燃料电池电动汽车
   D. 混联式混合动力电动汽车

三、多项选择题

1. 单位违反《中华人民共和国消防法》规定,有(ABCD)行为之一的,责令改正,处五千元以上五万元以下罚款。
   A. 损坏、挪用或者擅自拆除、停用消防设施、器材的
   B. 对火灾隐患经消防救援机构通知后不及时采取措施消除的
   C. 占用、堵塞、封闭消防车通道,妨碍消防车通行的
   D. 埋压、圈占、遮挡消火栓或者占用防火间距的

2. 销售者为消费者更换家用汽车产品或者退货,应当赔偿消费者的损失有(ACD)。
   A. 销售者收取的扣除相应折旧后的加装、装饰费用
   B. 交通费用补偿
   C. 销售者向消费者收取的相关服务费用
   D. 车辆登记费用

3. 下列属于汽车维修信息的有(ABC)。
   A. 维修企业信息　　　　B. 维修技术信息
   C. 车辆信息　　　　　　D. 维修配件信息

4. 电池托架是为便于安装承载动力蓄电池的装置,主要类型有(AD)。
   A. 移动式　　　B. 折叠式　　　C. 开放式　　　D. 固定式

5. 质量保证期包括(BCD)。
   A. 辅料的质量保证期　　　　B. 易损耗零部件的质量保证期
   C. 包修期　　　　　　　　　D. 三包有效期

6. 《家用汽车产品三包主要零部件种类范围及三包凭证》(GB/T 29632—2021)中规定的主要总成包括(ABCD)。
   A. 发动机　　　B. 变速器　　　C. 动力蓄电池　　　D. 行驶驱动电机

7. 《家用汽车产品三包主要零部件种类范围及三包凭证》(GB/T 29632—2021)中规定,纯电动、插电式混合动力汽车产品,需在三包证上列出动力蓄电池容量衰减限值,其时间节点应至少包括(AC)。
   A. 汽车产品三包有效期　　　B. 汽车产品磨合期
   C. 汽车产品包修期　　　　　D. 汽车产品维护期

8. 进行事故汽车总成分解后,应对零部件进行清洗、检查,按照(BCD)对零部件的状态进行标识、分类。

　　A. 完好　　　　　B. 可用　　　　　C. 需修　　　　　D. 不可用

9. 道路运输企业应制定车辆技术管理考核的标准或细则,考核内容包括(ABCD)。

　　A. 机构设置及人员配备、制度建设及执行情况

　　B. 人员培训情况

　　C. 技术档案管理情况

　　D. 年度技术质量目标完成情况

10. 下列关于非大型营运货车的汽车修理质量评定结果的判定,描述正确的有(BC)。

　　A. 优良:"关键项"均合格,且 $\beta_0 \geq 90\%$

　　B. 优良:"关键项"均合格,且 $\beta_0 \geq 95\%$

　　C. 合格:"关键项"均合格,且 $85\% \leq \beta_0 < 95\%$

　　D. 合格:"关键项"均合格,且 $80\% \leq \beta_0 < 90\%$

11. 下列属于驱动电机系统的绝缘电阻试验的有(ABD)。

　　A. 驱动电子定子绕组对机壳的绝缘电阻

　　B. 驱动电机定子绕组对温度传感器的绝缘电阻

　　C. 驱动电机控制器对温度传感器的绝缘电阻

　　D. 驱动电机控制器绝缘电阻

12. 下列关于DC/DC的绝缘电阻的技术要求描述正确的有(AC)。

　　A. 各独立带电电路与外壳之间的绝缘电阻不小于 $10M\Omega$

　　B. 无电气联系的各电路之间的绝缘电阻不小于 $15M\Omega$

　　C. DC/DC的绝缘电阻应符合产品技术文件规定

　　D. DC/DC的冷态绝缘电阻值应大于 $20M\Omega$

13. 以下对电动汽车灾害事故现场的警戒要求描述正确的有(ABD)。

　　A. 对于事故现场,首先通过侦测现场情况,确定警戒范围,设置警戒标志

　　B. 事故车辆周边10m范围设置工作区,尽可能禁止无关车辆、人员、船只进入

　　C. 在5m范围设置工作区,只允许直接负责治疗或维修人员进入

　　D. 需持续监测易燃、有毒气体,监测事故车辆动力蓄电池部位温度,适时调整警戒范围

14. 根据《机动车排放定期检验规范》(HJ 1237—2021)的要求,检验报告批准人应为(AD)。

　　A. 检验机构的法定代表人　　　　　B. 检验机构的技术负责人

　　C. 检验机构的总经理　　　　　　　D. 由法定代表人授权符合要求的人员

第二章 安全防护工具及专用维修检测工具

（本章适用于检测维修士）

第一节 安全防护工具

1. 个人防护工具包括：绝缘手套、护目镜、绝缘鞋（靴）、绝缘服或非化纤材质的衣服和安全帽。
2. 现场防护工具包括：隔离带、绝缘垫、绝缘拆装工具、绝缘胶带、绝缘工作台等。
3. 用于高压车辆维修的绝缘手套通常有以下两种独立的性能：
   (1) 在进行任何有关高压组件或线路的操作时，需要使用橡胶制成的电工绝缘手套，并能够承受 1000V 以上的工作电压。
   (2) 具备抗碱性，当工作中接触来自高压动力蓄电池组的钾氢氧化物等化学物质时，防止这些物质对人体组织的伤害。
4. 绝缘手套需要定期检验，而且在每次使用前必须进行气密性检查，具体方法为将手套从口部向上卷，稍用力将空气压至手掌及指头部分，检查上述部分有无漏气，如有漏气则不能使用。
5. 佩戴护目镜可以防止电池液的飞溅对维修人员眼部的伤害。高压电动车辆维修用的护目镜还具有侧面防护功能，防止维修过程中产生的电火花对眼睛的伤害。
6. 绝缘鞋（靴）的作用是使人体与地面绝缘，防止电流通过人体与大地之间构成通路，对人体造成电击伤害。因为触电时电流是经接触点通过人体流入地面的，所以电气作业时不仅要戴绝缘手套，还要穿绝缘鞋（靴）。
7. 绝缘鞋（靴）的电阻值范围为 100～1000MΩ，且具有透气性能好、防静电、耐磨、防滑等功能。
8. 绝缘鞋（靴）使用注意事项如下：
   (1) 每次使用前应检查绝缘鞋（靴）在有效预防性试验周期内，且外观完好。
   (2) 穿用绝缘皮鞋和绝缘布面胶鞋时，应保持鞋面干燥。
   (3) 穿用任何绝缘鞋（靴）均应避免接触锐器及高温、腐蚀性和酸碱油类物质，防止鞋受到损伤而影响电绝缘性能。
9. 安全帽是指对人头部受坠落物及其他特定因素引起的伤害起防护作用的帽子。安全帽由帽壳、帽衬、下颚带及附件等组成。

10. 绝缘垫是一种辅助安全用具,可铺放在维修工位的地面上,以便在带电操作断路器或隔离开关时增强操作人员的对地绝缘,防止接触电压与跨步电压对人体的伤害。

11. 新能源汽车维修作业区域必须用隔离带进行隔离,防止其他人员误入而导致高压触电。

第二节　绝缘电阻测试仪

1. 电气绝缘性能检测需要专用的绝缘性能测试仪器,测量高压电缆及零部件对车身的绝缘电阻是否处于规定值范围内。

2. 最常用的电气绝缘性能测试仪器就是绝缘电阻表,且其他类型的仪器,如数字式万用表、绝缘测试多用表或耐压测试仪等,也可以用来检查不同产品的绝缘性能,它们都可以被称为绝缘电阻测试仪。一些测试仪器是多功能的,除了绝缘电阻测试外,还可以用来进行其他的测量。

3. 选用绝缘电阻测试仪时,规定绝缘电阻测试仪的电压等级应高于被测物的绝缘电压等级。测量额定电压在 500V 以下的设备或线路的绝缘电阻时,可选用 500V 或 1000V 绝缘电阻测试仪;测量额定电压在 500V 以上的设备或线路的绝缘电阻时,应选用 1000～2500V 绝缘电阻测试仪;测量绝缘子时,应选用 2500～5000V 绝缘电阻测试仪。一般情况下,测量低压电气设备绝缘电阻时,可选用 0～200MΩ 量程的绝缘电阻测试仪。

4. 无论是 500V 还是 2500V 的绝缘电阻测试仪,只要在指针不为零的情况下,匀速摇动(约 120r/min),指针就会稳定在表盘的某个位置,根据指针位置就可以正确读出所测线路的绝缘电阻。

5. 绝缘电阻测试仪分为数字式和指针式两种。

6. 常用的绝缘电阻测试仪是手摇绝缘电阻测试仪,俗称摇表,是用来测量大电阻和绝缘电阻的检测仪表,计量单位是 MΩ,故又称兆欧表。

7. 绝缘电阻测试仪有三个接线柱,上端两个较大的接线柱上分别标有"搭铁"(E)和"线路"(L),下方较小的一个接线柱上标有"保护环"或"屏蔽"(G),各接线柱功能如下:

(1) E 端:搭铁端,接被测设备的搭铁部分或外壳。

(2) L 端:接线端,接被测设备的导体部分。

(3) G 端:保护环,主要用于电力电缆绝缘电阻的测量。

8. 绝缘电阻测试仪的使用注意事项如下:

(1) 首先选用与被测元件电压等级相适应的绝缘电阻测试仪。用绝缘电阻测试仪测试高压设备的绝缘性能时,应由两人以上进行。

(2) 禁止在雷电天气或在高压设备附近测量绝缘电阻,只能在设备不带电、也没有感应电的情况下测量。

(3)测量前必须将被测线路或电气设备的电源全部断开,然后将设备放电,以保证测量者的人身安全和测量的准确性。

(4)绝缘电阻测试仪使用的表线应为多股软线,且有良好的绝缘性能,两根引线不可绞在一起,否则会造成测量数据不准确。

(5)测试前必须将被测线路或电气设备搭铁放电。测试线路时,被测设备上不能有人在工作,必须取得对方允许后才能进行操作。

(6)在端子之间或任何一个端子与搭铁点之间施加的电压不能超过测试仪上标明的额定值。

(7)测量时,绝缘电阻测试仪应放在水平位置,并用力按住绝缘电阻测试仪,防止其在测量时晃动,摇动绝缘电阻测试仪手柄的速度保持在120r/min为宜。

(8)测试过程中两手不得同时接触两根线。

(9)测量完成后应立即将被测物放电,在绝缘电阻测试仪的摇把未停止转动或被测物未放电前,不可用手接触被测物的测量部分或拆除导线,以防触电(不能将绝缘电阻测试仪的L端和E端直接短接放电)。

(10)测试完成后应先拆线,后停止摇动绝缘电阻测试仪。

9.手摇绝缘电阻测试仪的使用方法如下:

(1)在使用之前,应检查绝缘电阻测试仪连接线的绝缘层是否完好,有无破损。

(2)检查绝缘电阻测试仪固定接线柱有无滑丝。

(3)进行开路试验。在绝缘电阻测试仪未连接被测电阻之前,摇动手柄使发电机达到120r/min的额定转速,观察指针是否指在标度尺"∞"的位置。

(4)进行短路试验。将线路端钮L和搭铁端钮E短接,缓慢摇动手柄,观察指针是否指在标度尺"0"的位置。

(5)接下来再慢慢地摇动绝缘电阻测试仪的手柄,看一下指针位置有没有发生变化,是否停留在"0"的挡位。

(6)测量绝缘电阻时,一般只用"L"和"E"端,但在测量电缆对地的绝缘电阻或被测设备漏电较严重时,就要使用"G"端,并将"G"端接屏蔽层或外壳。线路接好后,可按顺时针方向转运摇把,摇动的速度由慢而快,当转速达到120r/min时,保持匀速转运,1min后读数,并且要边摇边读数,不能停下来读数。同时还要记录测量时的湿度和温度,这样才能够更有效地分析结果。

(7)拆线放电。读数完毕,一边慢摇,一边拆线,然后将被测设备放电。放电方法是将测量时使用的地线从绝缘电阻测试仪上取下来与被测设备短接一下即可(不是绝缘电阻测试仪放电)。

10.用绝缘电阻测试仪测试线路对地的绝缘电阻。将绝缘电阻测试仪的"搭铁"接线柱(即E接线柱)可靠地搭铁(一般接到某一搭铁体上),将"线路"接线柱(即L接线柱)接到被测线路上。连接好后,顺时针摇动绝缘电阻测试仪,转速逐渐加快,保持在约120r/min后匀速摇动,当转速稳定,表的指针也稳定后,指针所指示的数值即为被测物的绝缘电阻值。

11.用绝缘电阻测试仪测量电动机的绝缘电阻。将绝缘电阻测试仪的"搭铁"接线柱(即E接线柱)接机壳,"线路"接线柱(即L接线柱)接到电动机某一相的绕组上,测出的绝缘电阻值就是某一相的对地绝缘电阻值。

12. 用绝缘电阻测试仪测量电缆的绝缘电阻。测量电缆的导电线芯与电缆外壳的绝缘电阻时,将"搭铁"接线柱(即 E 接线柱)与电缆外壳相连接,"线路"接线柱(即 L 接线柱)与线芯连接,同时将接线柱 G 与电缆壳、芯之间的绝缘层相连接。

13. 实际使用中,E、L 两个接线柱也可以任意连接,即 E 可以与被测物相连接,L 可以与搭铁体连接,但 G 接线柱决不能接错。

14. 数字式绝缘电阻测试仪(以 FLUKE 1587 为例)的挡位:
(1)电压挡,可测量交流或直流电压,测量范围为 0.1~600V。
(2)欧姆挡,测量搭铁耦合电阻,测量范围为 0.01~20kΩ。
(3)绝缘测试范围,测量范围为 0.01~10GΩ。
(4)1000V 绝缘电压挡,使用不超过 1000V 的电压进行绝缘测试。
(5)500V 绝缘电压挡,使用不超过 500V 的电压进行绝缘测试。
(6)250V 绝缘电压挡,使用不超过 250V 的电压进行绝缘测试。
(7)100V 绝缘电压挡,使用不超过 100V 的电压进行绝缘测试。
(8)50V 绝缘电压挡,使用不超过 50V 的电压进行绝缘测试。
(9)OFF 挡,关闭绝缘测试仪。

15. 数字式绝缘电阻测试仪(以 FLUKE 1587 为例,以下简称仪表)的使用注意事项:
(1)应严格按仪表使用手册操作,否则可能会破坏仪表的保护装置。
(2)如果仪表或测试导线已经损坏,或者仪表无法正常操作,请勿使用。
(3)在将仪表与被测电路连接之前,选用正确的端子、开关位置和量程挡。
(4)可以用仪表测量已知电压来验证仪表操作是否正常。
(5)端子之间或任何一个端子与搭铁点之间施加的电压不能超过仪表上标明的额定值。
(6)电压在 30V AC(RMS)、42V AC 峰值或 60V AC 以上时应格外小心。这些电压有造成触电的危险。
(7)出现电池低电量指示符时,应尽快更换电池。
(8)测试电阻、连通性、电容或二极管以前,必须先切断电源,并将所有的高压电容器放电。
(9)切勿在爆炸性气体或蒸汽附近使用仪表。
(10)使用测试导线时,手指应保持在保护装置后面。
(11)打开机壳或电池门以前,必须先把测试导线从仪表上拆下。不能在未安装好顶盖或电池门打开的情况下使用仪表。
(12)在危险的处所工作时,必须遵循当地及国家主管部门的安全要求,并使用适当的保护设备。
(13)不要单独工作,维修时必须设专职监护人。
(14)必须使用指定的替换熔断丝来更换损坏的熔断丝,否则可能会破坏仪表保护装置。
(15)使用前先检查测试导线的连通性。如果读数高或有噪声,则不要使用。
(16)仪表使用完毕后,应关闭开关;如果长期不使用,还应将仪表内部的电池取出,以避免电池腐蚀测试仪内部其他部件。

16. 数字式绝缘测试仪的使用手册中,关于安全的提示中,"警告"代表可能导致人身伤害或死亡的危险情况和行为;"小心"代表可能会损坏仪表、被测设备,或导致数据永久性丢失的情况和行为。

17. 数字式绝缘测试仪的基本操作要求:在将测试导线与电路或设备连接前,先连接公共(COM)测试导线,再连接带电导线;在拆下测试导线前,先断开带电的测试导线,再断开公共测试导线。

18. 用数字式绝缘测试仪测量交流和直流电压。交流和直流电压的测量方法:将测试仪调整到适合的量程,黑表笔插入公共(COM)端,并与被测电源的负极相连;红表笔插入电压测试端,并与被电源的正极连接,读取所测数据。

19. 用数字式绝缘测试仪测量温度。仪表附带的K型热电偶是一种温度传感器,可以直接测量温度,按"RANGE"键可以在摄氏度(℃)和华氏度(℉)之间切换。为了避免损坏仪表或其他设备,尽管仪表的额定值为40~537℃,仪表所带的K型热电偶的额定值却为260℃。要测量该量程以外的温度,需要使用额定值更高的热电偶。

20. 用数字式绝缘测试仪进行连通性测试。连通性测试是通过蜂鸣器的声音来表示电路导通。当检测到短路(电阻值25Ω以下)时,蜂鸣器发出蜂鸣声。为了避免仪表或被测试设备损坏,测试连通以前,必须先切断电路电源,并把所有高压电容器放电。

21. 用数字式绝缘测试仪测量交流或直流电流的注意事项:
(1)当开路至搭铁点之间的电压超过1000V时,切勿在电路上测量电流。
(2)测量电流之前,先检查仪表的熔断丝是否正常。
(3)测量电流时,应使用正确的端子、开关位置和量程。
(4)当导线插在电流端时,切勿把探头与任何电路并联。

22. 用数字式绝缘测试仪测量交流或直流电流的方法如下:关闭被测电路的电源,断开电路,将仪表以串联的方式接入,再启动电源,进行测量。

23. 用数字式绝缘测试仪进行绝缘测试的注意事项:
(1)绝缘测试只能在不通电的电路上进行。
(2)测试之前先检查熔断丝。
(3)在进行绝缘测试时,请勿用手去触摸表笔的金属部分,避免发生触电危险。

24. 用数字式绝缘测试仪进行绝缘测试步骤如下:
(1)将测试探头插入"+"和"-"端子。
(2)将旋钮转至"INSULATION(绝缘)"位置。当开关调至该位置时,仪表将启动电池负载检查。如果电池电量无法完成测试,显示屏下部将出现"电池"符号,在更换电池前不能进行绝缘测试。
(3)按"RANGE"选择电压。
(4)将探头与待测的电路连接。仪表会自动检查电路是否通电。此时,主显示区显示"--------"直到按下"INSULATION TEST"按键,此时将获取一个有效的绝缘电阻读数;另外,如果电路中存在超过30V的交流或直流电压,仪表将发出警告,并在主显示区显示高压符号。在这种情况下,将禁止进行测试,在继续操作之前,应断开测试仪,并立即关闭电源。
(5)按住"INSULATION TEST"按键开始测试。辅助显示区会显示被测电路中施加的测试电压,并显示高压符号,同时主显示区将显示以 MΩ 或 GΩ 为单位的电阻值。

(6)当电阻超出最大显示范围时,仪表将显示">"符号以及量程的最大电阻。

(7)将探头保持在测试点上并松开"INSULATION TEST"按键。被测电路将通过测试仪放电。在开始新测试、选择不同的功能/量程或检测到大于 30V 的电压之前,电阻读数将保持在主显示区。

25. 检查绝缘测试仪(以 FLUKE 1587 为例)内部电池状况的方法:

(1)将绝缘测试仪旋至电池电压挡。

(2)按下蓝色按钮,启动满负荷电池测试,所测的电池电压会在主显示区显示 2s。

(3)关闭绝缘测试仪。

(4)如电量不足,应更换电池。

26. 检查绝缘测试仪(以 FLUKE 1587 为例)内部熔断丝的方法:

(1)将绝缘测试仪旋至欧姆挡。

(2)按住测试按钮,测试熔断丝,屏幕显示数值应该不小于 22kΩ,若显示屏读数是 fuse,则表示熔断丝已损坏,应及时更换。

(3)关闭绝缘测试仪。

27. 使用数字绝缘测试仪测量绝缘手套(25kV)绝缘性的方法:

(1)将黑表笔插入 COM 端子,将绝缘测试笔插入电压绝缘测试输入端子。

(2)将挡位旋至 500V 电压挡。

(3)将两表笔与绝缘手套接触。

(4)按下测试按钮。

(5)等待测试仪读数稳定后,读取有效的绝缘电阻值。

(6)关闭绝缘测试仪。

(7)先断开绝缘测试笔,再断开黑表笔。

第三节 钳形电流表

1. 钳形电流表是电流表的一种,用来测量电路中的电流值,简称电流钳或电流探头。电流钳有两个可打开的钳式探头,被测电流所通过的导线可以不必切断就可穿过钳式探头,因此可以在不断电路的情况下测量电流。

2. 对新能源汽车进行维修与诊断时,经常需要测量导线中的电流。由于驱动系统的导线(如逆变器与电动机之间)存在较大的交变电流,必须使用钳形电流表进行间接测量。

3. 钳形电流表使用时非常方便,无须断开电源和线路即可直接测量运行中电力设备的工作电流,便于及时了解设备的工作电流及设备的运行状况。

4. 钳形电流表由钳头、钳头扳机、调控旋钮、操作按钮、显示屏、表笔插孔组成。其工作部分主要由一只电流表和穿心式电流互感器组成。穿心式电流互感器铁芯制成活动开口,且成钳形,故名钳形电流表。

5. 钳形电流表的原理:钳形电流表依靠电流互感器原理,是一种不需断开电路就可直接测电路交流电流的便携式仪表。当握紧钳形电流表扳手时,电流互感器的铁芯张开,被测电流的导线进入钳口内部作为电流互感器的一次绕组;当放松扳手,铁芯闭合后,根据电流互感器的原理在其二次绕组上产生感应电流,从而指示出被测电流的数值。

6. 钳形表的功能包括:启动电流测量(也就是可以测量诸如电动机和照明等设备的启动电流)、电流频率测量、交流/直流电流测量、交流/直流电压测量、电阻测量。

7. 钳形电流表的使用注意事项:

(1)在使用钳形电流表时,根据电流的种类、电压等级选择合适的钳形电流表,被测线路的电压要低于钳形电流表的额定电压。

(2)当测量高压线路的电流时,应选用与其电压等级相符的高压钳形电流表。

(3)测高压线路的电流时,要戴绝缘手套,穿绝缘鞋,站在绝缘垫上。

(4)一定要仔细检查钳形电流表的绝缘性能是否良好,绝缘层有无破损,手柄是否清洁干燥。

(5)若指针没在零位,应进行机械调零。

(6)钳形电流表的钳口应紧密结合,不能带电换量程,若指针晃动,可重新开闭一次钳口。

(7)在测量电阻前,待测电路必须完全放电,并且与电源电路完全隔离。

8. 使用钳形电流表测试前的安全防护要求:

(1)在进行高压电路相关的操作前,维修人员必须穿戴好劳保用品,戴好绝缘手套,穿好高压绝缘鞋。穿戴前检查绝缘手套密封性。

(2)车辆防护:打开主驾驶车门,铺设脚垫、转向盘套、座椅套;打开发动机罩,固定支架,铺设翼子板布。

9. 使用钳形电流表测试电流的步骤如下:

(1)测量前钳形电流表要机械调零。

(2)估算电流大小,选择合适的挡位和电流类型。

(3)使用时应按紧扳手,使钳口张开,将被测导线放入钳口中央,然后松开扳手并使钳口闭合紧密(测量时电流钳应该保持钳口闭合,否则会导致测量结果不准确)。

(4)钳口的结合面若有杂声,应重新开合一次,若仍有杂声,应处理结合面。另外,不可同时钳住两根导线。

(5)启动被测量装置,读取电流值。

(6)如需测量一个变化的电流,应在上步的基础上按下"MAX"键后再启动钳形电流表。

(7)读数后,将钳口张开,将被测导线退出,将挡位调至电流最高挡或OFF挡。

(8)钳形电流表要接触被测线路,所以钳形电流表不能测量裸导体的电流。

(9)用高压钳形电流表测量时,应由两人操作,测量时应戴绝缘手套,站在绝缘垫上,不得触及其他设备,以防止短路或搭铁。

10. 使用数字钳形电流表(以FLUKE317为例)测量驱动电机的W线束、V线束、U线束交流电流的步骤：

(1)打开数字钳形电流表,旋至600A挡位,此时为直流电流测试模式。

(2)按下交直流模式切换按钮切换至交流挡。

(3)将驱动电机W线束放入钳形电流表的钳口中央,然后松开扳手使钳口紧密闭合。

(4)起动车辆,踩下加速踏板,读取电机W线束电流数据。

(5)起动最大电流锁定模式。

(6)再次起动车辆,踩下加速踏板,读取电机W线束最大电流值。

(7)采用同样的方法测量V线束、U线束的电流值,并记录。

11. 使用数字钳形电流表(以FLUKE317为例)测量驱动电机的逆变器高压线束直流电流的步骤：

(1)按下交直流切换按钮切换至直流挡。

(2)将逆变器高压线束放入钳形电流表的钳口中央,然后松开扳手使钳口紧密闭合。

(3)再次起动车辆,踩下加速踏板,读取逆变器高压线束电流数据值。

(4)起动最大电流锁定模式。

(5)起动车辆,踩下加速踏板,读取逆变器高压线束最大电流值。

(6)取下钳形电流表。

(7)起动最小电流锁定模式。

(8)起动车辆,踩下加速踏板,读取逆变器高压线束最小电流值。

(9)取下钳形电流表。

12. 使用数字钳形电流表测量(以FLUKE317为例)测量起动电流和充电电流的方法：

(1)将钳形电流表夹住辅助蓄电池正极线束。

(2)打开钳形电流表旋至600A挡。

(3)踩下制动踏板,起动车辆。

(4)测量起动电流。

(5)踩下加速踏板,测量辅助蓄电池充电电流。

第四节 绝缘拆装工具

1. 绝缘是指用不导电的物质(绝缘材料)将带电体隔离或包裹起来,起保护作用的一种安全措施。

2. 良好的绝缘是保证设备和线路正常运行的必要条件,也是防止触电事故、漏电、短路的重要措施。绝缘材料除了上述作用外还有其他作用:散热冷却、机械支撑和固定、储能、灭弧、防潮、防霉以及保护导体等。

3. 绝缘工具是采用绝缘材料制作并适用于电气系统拆装等操作的使用工具。对新能源汽车中涉及高压电路的零部件进行拆装时必须使用绝缘拆装工具。绝缘拆装工具必须装有耐压1000V以上的绝缘柄。

4. 新能源汽车特有维修工具与传统维修工具相比,最大的区别在于,新能源汽车维修工具表面包裹有一层绝缘材料。

5. 绝缘拆装工具有以下几种:带有绝缘橡胶的棘轮扳手、带有绝缘橡胶的开口扳手和梅花扳手、带有绝缘层的改锥等。

6. 绝缘工具的使用方法与普通工具相同,但有以下注意事项:
(1)应存放在专门的工具室,室内应通风良好,保持清洁、干燥。
(2)如发现绝缘工具损伤或受潮,应及时进行检修和干燥处理,试验合格后方可使用。
(3)绝缘工具必须按规定定期进行绝缘性能的试验,不符合试验要求的,禁止使用。

第五节　数字万用表

1. 万用表通常具备的检测功能包括:交流/直流(AC/DC)电压、电流、电阻、频率(Hz)、温度(TEMP)、二极管电阻、连通性、电容、绝缘测试(低压)。有些汽车专用的万用表,还具有转速(RPM)、占空比(%)、脉冲宽度(ms)以及其他功能(如利用蜂鸣器等进行故障码读取)。

2. 使用万用表的注意事项:
(1)在使用万用表时,请勿用手去触摸表笔的金属部分,以防触电或影响测量准确性。
(2)万用表使用完毕后,应将开关关闭;如果长期不使用,还应将万用表内部电池取出,以免电池腐蚀万用表内部其他部件。

3. 用数字万用表测量直流及交流电压的注意事项:在测量交直流电压时,请勿虚接,以免出现打火花现象,造成不必要的财产损失;在测量交流电压时,请勿用手触摸金属触点位置,以免发生触电危险。

4. 用数字万用表测量直流电压,方法如下:
(1)将黑表笔连接至COM端子。
(2)将红表笔连接至电压、电阻测量端子。
(3)将挡位旋至直流电压挡。
(4)测量蓄电池电压。
(5)待读数稳定后取下测量表笔,关闭万用表,断开红色表笔,断开黑色表笔。

5. 用数字万用表测量交流电压,方法如下:
(1)将黑表笔连接至COM端子。
(2)将红表笔连接至电压、电阻测量端子。
(3)将挡位旋至交流电压挡。
(4)将红表笔和黑表笔插入插座,测量交流电压。
(5)待读数稳定后取下测量表笔,关闭万用表,断开红色表笔,断开黑色表笔。

第六节　故障诊断仪

1. 汽车电控系统诊断仪器用于对应车型的故障诊断,也称解码器、故障扫描仪等。不同车型采用的诊断仪器也不同。诊断仪器应能与被检测车辆的控制模块(电脑)通信。

2. 日常使用的专用诊断仪的功能可以概括为:故障监测、诊断数据管理和诊断服务。

3. 除了必须注意高压安全外,新能源汽车检测仪器和普通车辆的检测仪器在操作上基本相同。

4. 专用车型诊断仪有北汽 BDS 故障诊断系统(BAIC BJEV Diagnostic system)、比亚迪 ED400、ED1000 等。

5. 北汽新能源汽车采用 BDS 故障诊断系统,将诊断软件安装在电脑终端上,通过通信电缆(诊断盒子)与车载诊断系统(On Board Diagnostics,简称 OBD)诊断座连接,与车辆的控制模块通信并进行故障诊断。

6. 汽车诊断仪器通常具备的检测功能包括:读取清除故障码,数据流读取,执行元件动作测试,系统基本设定,控制模块的软件升级、编程、编码,其他功能(如 ABS 主缸排气等)。

7. 比亚迪 ED400 故障诊断仪具备以下功能:

(1)自诊断。主要包括:读取故障码、清除故障码。其中读取故障码可以把电子控制单元(Electronic Control Unit,简称 ECU)检测到的故障以特定代码(即故障码)形式显示出来;而清除故障码则用于把 ECU 中记录的一些历史性或间歇性故障清除。

(2)系统参数显示。主要包括:主要参数、测试项、传感器信号电压。

(3)系统状态。主要包括:编程状态、冷却系统、稳定工况、动态工况、排放控制、氧传感器、怠速、故障灯、紧急操作、空调 10 项状态的显示。

(4)执行器试验。主要包括:故障灯、燃油泵、空调继电器、风扇控制、点火测试、单缸断油 6 项功能的测试。

(5)里程计。主要包括:车辆行驶里程、行驶时间的显示。

(6)版本信息。电脑版本信息是厂家自定义的一组数据。用来标识一些基本的信息,如车辆识别码(VIN)等。

8. 部分诊断仪(如 ED400)会对故障码进行标记,表示该故障的状态,有"当前""历史"和"间歇性"三种不同状态。

(1)"当前"表示:该故障一直存在着,不能通过"清除故障码"功能清除掉。

(2)"历史"表示:该故障之前发生过,但在本次诊断时该故障已解决,可以通过"清除故障码"将它清除掉。

(3)"间歇性"表示:该故障是一个偶尔发生的故障,有可能是接触不良引起的,一般也可以通过"清除故障码"功能将之清除。

9. 比亚迪 ED400 故障诊断仪的主要功能有：

(1) 读取电脑版本。电脑版本信息是厂家自定义的一组数据。用来标识一些基本的信息，如 VIN 码等。

(2) 读取故障码。该功能可以把 VCU 检测到的故障以特定代码(即故障码)形式显示出来。

(3) 清除故障码。该功能用于把 VCU 中记录的一些历史性或间歇性故障清除。该动作推荐用户重复进行 2~3 次，确保清除完全。

(4) 读取数据流。该功能用于向用户展示车辆的各项数据状态，包括发动机当前转速、车速等信息。

(5) 元件动作测试。元件动作测试分两种控制方式，分别为开关量、控制量。所谓开关量是指这些量只有两种状态，打开或关闭，所以用户只需要进行简单操作即可完成相应动作。控制量是一些设置量，通过这些量的设定可以改变 VCU 的一些内部变量，从而改变发动机的工作状态。

10. 丰田 Clobal TechStream(GTS)诊断仪是一款基于 PC 平台的诊断仪，它由两部分组成：GTS 软件以及车辆接口模块(VIM)。

11. 丰田 GTS 诊断仪主要提供的功能包括：

(1) 诊断功能：健康检查(一键式检查)、诊断故障代码(Diagnostic Trouble Code，简称 DTC)及快照故障停帧数据(FFD)查看、主动测试、数据流查看、利用、对比、车载自动诊断系统(OBD-Ⅱ)、多路传输总线(Multi Pointer X，简称 MPX)检查、OBD 诊断接口(DLC-3)电缆检查、检查模式、全部准备好。

(2) 数据文档的保存、使用(文件树、时间记录、驾驶记录仪数据、数据合并)。

(3) 其他功能：定制、钥匙码注册与删除、维修辅助(重置学习值、制动系统排气等)。

12. 丰田 GTS 诊断仪有主动测试功能，可以强制驱动继电器和电磁线圈等执行器。如果在主动测试中运行正常，则可以判断从 ECU 至继电器和电磁线圈等执行器的电路正常。

第七节　动力蓄电池维修工具

1. 在更换新能源汽车动力蓄电池内部的某组蓄电池电芯组后，需要对更换的这组蓄电池电芯组进行性能匹配，以确保新的蓄电池电芯组和整个动力蓄电池性能一致。

2. 测试蓄电池性能均衡性需要使用专用的动力蓄电池均衡仪来辅助完成，该工具支持高压动力蓄电池的放电、单体蓄电池维修等操作，并支持蓄电池组数据的检测和通过 USB 进行车型软件的升级。

3. 动力蓄电池均衡仪的主要功能是通过采集动力蓄电池组中的单体蓄电池的电压参数，采用"串充补齐"的方式，对动力蓄电池组进行相关的维护。把动力蓄电池组内的单体蓄电池维护在蓄电池出厂时的水平，使其处于最佳工作状态，用以解决动力蓄电池组内单体蓄电池储能一致性差异。

4. 便携式动力蓄电池均衡仪的功能特点包括：

(1) 采用专有的并充控制技术，确保各通道充电效果的高度一致，有效解决动力蓄电池串联成组后，因各单体蓄电池的不均衡度扩大而导致动力蓄电池循环寿命大大缩短的问题。

(2) 采用模块化设计，即一个具有完备功能的受控的充电模块对应一个单体蓄电池，并采用专有的均衡充电控制技术，保证各单体蓄电池均能达到自身的最大容量且电压一致性好，确保动力蓄电池组的不均衡度控制在容许的范围内，从而大大提高动力蓄电池的循环使用寿命。

(3) 支持对每个单体蓄电池电压的实时检测和监控，自动测算充电能量，并支持自动保存和导出测试数据。

(4) 高可靠性，支持多重保护，确保动力蓄电池及充电机本身的安全性。

5. 便携式动力蓄电池均衡仪的保护功能包括：输出过流保护、输出短路保护、连接线掉线保护、蓄电池错接保护、蓄电池欠压保护、蓄电池过压保护、蓄电池反接保护、整机欠温保护、整机过温保护。

6. 使用动力蓄电池均衡仪测试前的准备工作：

(1) 测试操作工具做好绝缘保护工作，避免短路事故；

(2) 测试工作区域放置绝缘地垫，用于放置仪表；

(3) 维护人员须穿戴绝缘鞋、手套，并佩戴护目镜；

(4) 维护人员禁止佩戴手表、项链等金属饰品；

(5) 准备好测试辅助仪表，如万用表、钳形电流表；

(6) 供电电源必须可靠搭铁。

7. 便携式动力蓄电池均衡仪的充电流程：

(1) 设备上电。将均衡蓄电池组与均衡仪连接，设备接入交流电源线，打开总开关和对应的充电单元开关。注意，开机时，先开启需工作的单元开关，最后开启总开关，关机时，先关闭总开关，然后关闭单元开关。

(2) 确认充电模式和动力蓄电池类型及参数。

(3) 开始充电。

(4) 充电准备阶段。设备在此阶段首先进行内部自检，完成后再检测外界单体蓄电池状态。若设备无故障则进入充电阶段，否则进入故障阶段。

(5) 启动并行均衡充电阶段。设备进入充电阶段，控制内部充电模块开启对单体蓄电池恒流充电。同时判断每节单体蓄电池是否充电完成，充电完成后停止对此节蓄电池充电，直到所有单体蓄电池完成充电后，系统进入充电完成阶段。

(6) 充电完成阶段。设备对所有单体蓄电池停止充电，指示充电已经完成。

(7) 充电故障阶段。系统在其他阶段发生设备或蓄电池故障时，进入故障阶段。当系统恢复正常后，进入初始检测阶段重新开始充电。

(8) 充电停止阶段。在显示控制器上点击"停止"，设备停止输出；再点击"开启"时，累计充入电量从零开始记录。

(9) 充电暂停阶段。在显示控制器上点击"暂停"，设备停止输出；再点击"开启"时，累计充入电量从暂停前开始记录。

8.使用便携式动力蓄电池均衡仪的注意事项：

（1）设备对动力蓄电池进行维护前，必须确定均衡维护线束无短路、断路、松动等问题。

（2）设备对动力蓄电池进行维护时，必须将动力蓄电池与其他连接断开并从车上脱离。

（3）设备工作时严禁覆盖外壳，应保证设备及电池在通风良好的环境下工作。

（4）设备不能在户外或阳光直射下工作。

（5）设备严禁在易燃易爆的环境中、热源上方或热辐射环境中使用。

（6）设备工作时应旋紧蓄电池接入端，确保连接可靠。

（7）设备与动力蓄电池的连接断开前，应先断开市电。

（8）因本充电机有储能电容，连接动力蓄电池时出现打火为正常现象。

9.气密性测试仪又称为气密性检测仪、防水测试仪、防水检测仪、密封性测试仪、密封性检测仪。根据测试方法的不同，目前市场上气密性测试仪主要有直压式（也称压降式）气密性测试仪、差压式（也称对比式）气密性测试仪两类。

10.直压式气密性测试仪是向被测产品中充入气压，通过观察气体压力变化情况，检测被测产品的气密性。其工作方式分为两种情况：

（1）第一种是被测产品自身带有充气孔的，气密性测试仪就直接向被测产品中充入气压，然后切断气源，测量气体压力的变化。如果压力下降，则说明这个产品漏气，不下降说明被测产品气密性良好。

（2）第二种是被测产品不带充气孔的，此时应选用容积直压式气密性测试仪，需要做一个和产品形状、规格一样的密封腔，也就是一个模具，尽量做到贴合产品，因为这样会使检测结果更加精确，然后气密性测试仪往产品和模具之间的空间充入气压，再切断气源，检测气体压力是否有下降，如果有下降就说明气体漏到被测产品里面，即被测产品漏气，若气体压力不下降则说明被测产品气密性良好。

11.差压式气密性测试仪是以差压传感器为感压元件，检测被测物和标准产品之间压力差，来确定被测物是否存在泄漏和漏率大小的仪器或装置。

12.差压式气密性测试仪有两个接口，一个连接标准产品（即合格的产品），一个连接被测产品。其工作方式分为两种情况：

（1）第一种是被测产品自身带有充气孔的，气密性测试仪同时向标准产品和被测产品充入相等的气压，然后切断气源，测量标准产品中的气压与被测产品中气压的差值，如果差值为零，说明被测产品跟标准产品一样是合格的；否则说明检测品就是不合格的。

（2）第二种是被测产品不带充气孔的，此时应选用容积差压式气密性测试仪，需要做两个和产品形状、规格一样的密封腔，也就是一个模具，尽量做到贴合产品，因为这样会使检测结果更加精确，然后仪器分别往标准产品和被测产品与模具之间的空间充入气压，再切断气源，观察标准产品中的气压与被测产品中气压的差值，如果差值为零，说明被测产品跟标准产品一样是合格的，否则说明被测产品是不合格的。

13.差压式气密性测试仪和直压式气密性测试仪都是采用气体作为检测介质，两者之间明显的区别在于差压式需要标准品，而直压式不需要标准品。差压式气密性测试仪同时对标准品与被测产品充入相同压力的气体，使差压传感器两端平衡，气密性测试仪将根据差压的变化测出产品的具体泄漏量,然后判断被测产品是否合格。因为标准产品与被测产品形状,大小都相同,并且检测过程中,两端的外部环境状况完全一样,所以这种测试方法可以消除温度、振动等环境因素的影响,得到准确度很高的测量结果。

14. 直压式气密性测试仪精度不高、准确性差;差压式气密性测试仪精度高,缺点是检测量程小(通常只有5kPa),需要有比对标准件,实施起来较为复杂。

15. 动力蓄电池一般是有防水透气孔(用于安装防水透气阀)的,在对动力蓄电池箱进行气密性检测时,可以向防水透气孔里充入压缩气体,这样的检测方式能够保证不对蓄电池造成二次损伤,同时检测结果也更加准确。

16. 检测动力蓄电池箱气密性的过程:
(1)根据动力蓄电池箱的防水透气孔制作一个测试头。
(2)测试头与进气管连接后,插到动力蓄电池箱防水透气孔上。
(3)向动力蓄电池箱的腔体内充入一定量的压缩空气,然后测试气压的变化。
(4)经过高精度传感器与检测系统运算后得出泄漏量,就可以根据泄漏值判断出动力蓄电池箱的防水性能和气密性是否符合要求。

第八节 充 电 桩

1. 充电桩是指为新能源汽车提供能量补充的充电装置,其功能类似于加油站里面的加油机,可以固定在地面或墙壁,安装于公共建筑(公共楼宇、商场、公共停车场等)和居民小区停车场或充电站内,可以根据不同的电压等级为各种型号的新能源汽车充电。

2. 充电桩的输入端与交流电网直接连接,输出端都装有充电插接器,用于为新能源汽车充电。

3. 充电桩一般提供常规充电(俗称慢充)和快速充电(俗称快充)两种充电方式,人们可以使用特定的充电卡在充电桩提供的人机交互操作界面上刷卡使用,进行相应的充电操作和费用数据打印,充电桩显示屏能显示充电量、费用、充电时间等数据。

4. 直流充电桩与交流充电桩的区别:
(1)外观区别。由于直流充电桩内部有一定数量的AC-DC电源模块,功率越高,模块数量越多,因此直流充电桩体积较大,而交流充电桩体积较小。
(2)充电接口差别。直流充电桩与交流充电桩的充电枪头不一样,直流充电桩是9线插接器,而交流充电桩是7线插接器。
(3)充电接口位置不同。快充接口一般在前车标下,慢充接口位置在类似燃油车的油箱盖加油口处。

5. 直流充电桩:指采用直流充电模式为新能源汽车动力蓄电池总成进行充电的充电机。

6. 直流充电模式是以充电机输出的可控直流电源直接对动力蓄电池总成进行充电的模式。直流充电桩输入的是额定电压(380±10%)V、(50±1)Hz的三相交流电。

7. 三相四线制,可提供足够大的功率(60kW、120kW、200kW 甚至更高),输出的电压和电流调整范围大,可实现快速充电。一般安装在高速公路旁的充电站。

8. 交流充电桩:指采用交流电模式为新能源汽车动力蓄电池总成进行充电的充电设备。

9. 交流充电模式是以三相或单相交流电源,通过车载充电机的整流变换,将交流电变换为高压直流电给动力蓄电池进行供电。

10. 交流充电模式的特征是:充电机为车载系统。

11. 对于功率小于或等于5kW 的交流充电机,输入的是额定电压($220 \pm 10\%$)V、(50 ± 1)Hz 的单相交流电。

12. 对于功率大于5kW 的交流充电机,输入为额定电压($380 \pm 10\%$)V、(50 ± 1)Hz 的三相交流电。

13. 交流充电桩即一般的常规充电模式(慢充),外形分为落地式和壁挂式。

14. 交流充电桩输出单相/三相交流电,通过车载充电机转换成直流电给车载蓄电池充电,功率小,充电速度较慢。一般安装在小区、停车场等地。

15. 无论是快充还是慢充都有两种充电模式:恒定电压和恒定电流。一般会采用先恒流再恒压,这样充电效率比较高。

16. 快充的快是由于充电电压、电流不同造成的,快充采用直流充电且电压一般大于动力蓄电池的电压,而电流越大充电越快。当快要充满时,改用恒压,这样可以防止动力蓄电池过充,也能够起到保护动力蓄电池的作用。

17. 快充和慢充的对比:

(1) 慢充的充电电流和功率相对较小,不容易损伤动力蓄电池寿命,而且在用电低峰时充电成本低。

(2) 快充会使用较大的电流和功率,会对动力蓄电池寿命产生一定的影响,快充还需要配套设备,比如转换交流直流电,这样成本也就上升了。

考试模拟题

一、是非判断题

1. 既然使用了绝缘拆装工具,就没有必要切断维修开关。 (×)

2. 用仪表测量已知电压来验证仪表操作是否正常。 (√)

3. 使用数字式绝缘测试仪时,按仪表"RANGE"键可以在摄氏度(℃)和华氏度(℉)之间切换。 (√)

4. 使用钳形电流表测量电流之前,先检查仪表的熔断丝。 (√)

5. 绝缘测试只能在通电的电路上进行。 (×)

6. 绝缘电阻测试仪测量完成时,应将绝缘电阻测试仪的 L 端和 E 端直接短接放电。

7. 绝缘拆装工具只要有塑料柄就能使用。 （×）
8. 绝缘电阻测试仪的电压等级应低于被测物的绝缘电压等级。 （×）
9. 高压绝缘测试仪器用于测量高压电缆及零部件对车身的绝缘电阻是否位于规定值范围内。 （√）
10. 不同车型采用的诊断仪器都相同。 （×）
11. 动力蓄电池内部的某组蓄电池损坏了，更换以后就能使用。 （×）
12. 用绝缘电阻测试仪测试高压设备的绝缘性能时，应由两人进行。 （√）
13. 禁止在雷电时或高压设备附近测绝缘电阻，只能在设备不带电，或只有感应电的情况下测量。 （×）
14. 检查数字式绝缘电阻测试仪内部的熔断丝状况时，若主显示屏显示"fuse"，则表示熔断丝已损坏，应及时更换。 （√）
15. 如果控制模块记忆了传感器故障码，那就更换传感器。 （×）
16. 除了必须注意高压安全外，新能源汽车检测仪器和普通车辆的检测仪器操作基本相同。 （√）

二、单项选择题

1. 绝缘工具在使用前，必须注意的事项是(D)。
   A. 正确地选择、检查及使用绝缘手套、护目镜、防护服
   B. 去除身上所有金属物品
   C. 设立安全警戒标志，确保工作区域的安全性
   D. 以上都正确

2. 仪表以及使用手册上，"警告"代表(B)。
   A. 可能损坏仪表
   B. 可能导致人身伤害或死亡的危险情况和行为
   C. 可能造成数据丢失
   D. 可能损坏被测元件

3. 仪表上的"AC"表示(C)。
   A. 平均值 B. 直流
   C. 交流 D. 电压

4. 绝缘电阻测试仪的"L端"表示(B)。
   A. 搭铁端，接被测设备的搭铁部分或外壳
   B. 接线端，接被测设备的导体部分
   C. 保护环，主要用于电力电缆绝缘电阻的测量
   D. 公共端

5. 以下不能进行绝缘电阻测试的是(D)。
   A. 数字式万用表 B. 手摇绝缘电阻测试仪
   C. 高压绝缘测试仪 D. 故障诊断仪

6. 以下不是万用表通常具备的检测功能的是(D)。
   A. 电压测量　　B. 导通性测量　　C. 频率测量　　D. 数据流读取
7. 测量额定电压在500V以下的设备或线路的绝缘电阻时,可选用(B)绝缘电阻测试仪。
   A. 200V或500V　　　　　　　　B. 500V或1000V
   C. 1000V或1500V　　　　　　　D. 以上都不正确
8. 汽车诊断仪器通常具备的检测功能是(D)。
   A. 读取清除故障码　　　　　　B. 读取数据流
   C. 执行元件动作测试　　　　　D. 以上都正确
9. 手摇绝缘电阻测试仪的E端是(A)。
   A. 搭铁端　　B. 接线端　　C. 保护环　　D. 屏蔽
10. 新能源汽车使用的绝缘拆装工具必须装有耐压(C)以上的绝缘柄。
    A. 500V　　B. 800V　　C. 1000V　　D. 2000V
11. 主动测试功能用于(A)。
    A. 强制驱动继电器、执行器和线圈工作
    B. 主动读取车辆DTC
    C. 主动检查车辆模块内部故障和数据流
    D. 主动记录DTC
12. 使用绝缘电阻测试仪时,摇动绝缘电阻测试仪手柄的速度均匀保持在(C)为宜。
    A. 80r/min　　B. 100r/min　　C. 120r/min　　D. 150r/min
13. 对绝缘电阻测试仪进行开路试验时,指针应指在标度尺(A)位置,表示绝缘电阻测试仪正确。
    A. ∞　　B. 500Ω　　C. 200Ω　　D. 0Ω

三、多项选择题

1. 以下属于新能源汽车工作区的现场防护工具的有(ACD)。
   A. 绝缘垫　　B. 绝缘鞋　　C. 绝缘工作台　　D. 隔离带
2. 以下关于高压电动车辆维修用护目镜的描述正确的有(ABD)。
   A. 用于防止蓄电池电解液的飞溅对维修人员眼部的伤害
   B. 还具有侧面防护
   C. 可以把触电时的危险降低到最低程度
   D. 防止维修过程中产生的电火花对眼睛的伤害
3. 可以进行绝缘性能检测的设备有(ABCD)。
   A. 数字式万用表　　　　　　　B. 绝缘电阻测试仪
   C. 绝缘测试多用表　　　　　　D. 耐压测试仪
4. 使用比亚迪ED-400诊断仪可以执行的诊断或读取功能有(ABD)。
   A. 读取DTC　　B. 读取数据流　　C. 保存数据流　　D. 元件动作测试

第二篇 专业技术篇

第一章
动力蓄电池系统工作原理与维修诊断

第一节 动力蓄电池系统基础知识

（本节适用于检测维修士）

1. 动力蓄电池系统的作用是接收和储存由车载充电机、发电机、制动能量回收装置或外置充电装置提供的高压直流电，并且为新能源汽车提供高压直流电。动力蓄电池系统属于高压部件，其设计的好坏直接影响着整车安全性及可靠性。

2. 动力蓄电池系统主要由动力蓄电池模组、蓄电池管理系统、动力蓄电池箱及辅助元器件四部分组成。

3. 动力蓄电池模组主要由单体蓄电池、蓄电池电芯组、蓄电池模块组成。

4. 单体蓄电池：构成动力蓄电池模块的最小单元。一般由正极、负极、隔膜、电解质及外壳等构成。可实现电能与化学能之间的直接转换。

5. 单体蓄电池称为单元蓄电池、电芯，是构成车用动力蓄电池的基础。单体蓄电池的电压和能量都十分有限，使用过程中一般都是以串并联的形式成组地提升输出电压和功率。如果某个单体蓄电池损坏，就会引起BMS报警。

6. 蓄电池电芯组：一组并联的单体蓄电池的组合，该组合额定电压与单体蓄电池的额定电压相等，是单体蓄电池在物理结构和电路连接的最小分组，可作为一个单元替换。

7. 蓄电池电芯组的主要构成零件有：单体蓄电池（Cell）、电压测量部分、蓄电池温度测量部分、单体蓄电池间的接线材料和绝缘材料。

8. 蓄电池模块：由多个蓄电池电芯组或单体电芯串联组成的一个组合体。

9. 蓄电池管理系统（BMS）的作用：动力蓄电池保护和管理的核心部件，在动力蓄电池系统中，它的作用就相当于人的大脑。它不仅要保证动力蓄电池在使用时安全可靠，而且要充分发挥动力蓄电池的能力并延长使用寿命，作为动力蓄电池和整车控制器及驾驶人沟通的桥梁，通过控制继电器来管理动力蓄电池的充/放电，并向整车控制器上报动力蓄电池系统的基本参数及故障信息。

10. 蓄电池管理系统（BMS）具备的功能：通过电压、电流及温度检测等功能实现对动力蓄电池系统的过电压、欠电压、过电流、过高温和过低温保护；继电器控制，SOC估算，充/放电管理、均衡控制、故障报警及处理、与其他控制器通信等功能;此外蓄电池管理系统还具有高压回路绝缘检测功能,以及为动力蓄电池系统加热的功能。

11. 动力蓄电池箱是支撑、固定、包围蓄电池系统的组件,主要包括上盖和下托盘,还有辅助元器件,如过渡件、护板、螺栓等。动力蓄电池箱有承载及保护动力蓄电池组和电气元件的作用。

12. 动力蓄电池箱的技术要求:蓄电池箱体通过螺栓连接在车身地板下方,其防护等级为IP67,螺栓拧紧力矩为80~100N·m。整车维护时须观察蓄电池箱体螺栓是否有松动,蓄电池箱体是否有破损或严重变形,密封凸缘是否完整,确保动力蓄电池可以正常工作。

13. 动力蓄电池箱的外观要求:蓄电池箱体外表面颜色要求为银灰或黑色、亚光;蓄电池箱体表面不得有划痕、尖角、毛刺、焊缝及残余油迹等外观缺陷,焊接处必须打磨圆滑。

14. 辅助元器件主要包括动力蓄电池系统内部的电子电器元件(如熔断器、继电器、分流器、插接器、高压维修开关、烟雾传感器等)、维修开关以及电子电器元件以外的辅助元器件(如密封条、绝缘材料等)。

15. 继电器位于线束和继电器模块内,用于控制高电压的通断。当继电器闭合时,高电压自动力蓄电池组输出到车辆动力系统,继电器断开后,高电压保存在动力蓄电池组内。

16. 动力蓄电池系统的工作原理:动力蓄电池模组放置在一个密封并且具有屏蔽功能的动力蓄电池箱里面,动力蓄电池系统使用可靠的高压插接器与高压配电盒相连,输出的直流电由驱动电机控制器转变为三相交流高压电供驱动电机工作;系统内的BMS实时采集各电芯的电压、各温度传感器的温度值,以及动力蓄电池系统的总电压值和总电流值等数据,时时监控动力蓄电池的工作状态,并通过控制器局域网络(Controller Area Network,简称CAN)与整车控制器或充电机之间进行通信,对动力蓄电池系统充放电等进行综合管理。

17. 动力蓄电池组最佳工作温度为23~24℃,温度并非越低越好,在低温的环境下需要对动力蓄电池组进行加热,保持合适的工作温度。温度过高时,也和传统汽车一样,必须采用冷却系统给动力蓄电池组降温。

第二节 动力蓄电池结构原理、维护与故障分析

(12、13条适用于检测维修工程师,其他适用于检测维修士)

1. 应用在新能源汽车上的储能技术主要是电化学储能技术,即铅酸、镍氢、锂离子等蓄电池储能技术。

2. 新能源汽车上所使用的动力蓄电池种类繁多,外形差别较大,按其工作性质和使用特征的不同,可分为一次蓄电池、二次蓄电池、储备蓄电池和燃料电池等。其中储备蓄电池和燃料电池属于特殊的一次蓄电池。

3. 目前新能源汽车上动力蓄电池的主要类型有铅酸蓄电池、镍氢蓄电池、锂离子蓄电池。

4. 铅酸蓄电池技术最成熟,价格较低,但比容量较低且循环寿命较短;镍氢蓄电池循环

技术较为成熟,寿命较长,但单体蓄电池电压较低;锂离子蓄电池单体蓄电池电压较高,循环寿命和比容量也相当可观,但成本相对比较高。

5. 铅酸蓄电池是一种电极主要由铅及其氧化物制成、电解液是硫酸溶液的蓄电池。国内外的第一代新能源汽车广泛使用了铅酸蓄电池。近年来,阀控式密封铅酸蓄电池(又被称为"免维护蓄电池")被广泛地用于传动汽油车和一些低速新能源汽车上。

6. 镍氢蓄电池由氢离子和金属镍合成,电量储备比镍镉蓄电池多30%,比镍镉蓄电池更轻,使用寿命也更长。搭载在混合动力汽车的镍氢蓄电池是将84～240个容量为6～6.5A·h的单体蓄电池以串联方式连接后组成的。

7. 锂离子蓄电池通过锂离子在电极之间移动而产生电能,这种电能的存储和放出是通过正极活性物质中放出的锂离子向负极活性物质中移动完成的,并不伴随化学反应,这是锂离子蓄电池的最大特点。锂离子蓄电池的这种特点,使锂离子蓄电池比传统的二次蓄电池具有更长的寿命。

8. 锂离子单体蓄电池由作为氧化剂的正极活性物质、作为还原剂的负极活性物质、对锂离子导电的电解液、防止两个电极产生短路的隔板以及外壳组成,如图2-1-1所示。

9. 在锂离子蓄电池的充/放电过程中,锂离子处于从正极→负极→正极的运动状态。

10. 锂离子蓄电池根据正极材料的不同,可以分为钴酸锂蓄电池、锰酸锂蓄电池、磷酸铁锂蓄电池和三元材料蓄电池。

11. 磷酸铁锂蓄电池具有很高的安全性及良好的循环寿命,其高温性能较好,但低温充、放电性能较差。在低温时充电对蓄电池寿命有极大的影响,在低温情况下,其放电量及放电功率也有所下降。因此,冬季低温时,整车会出现续驶里程低及动力性能下降的现象。

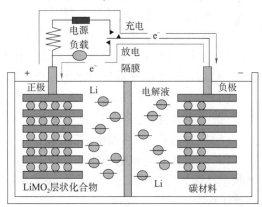

图2-1-1　锂离子单体蓄电池的结构和工作原理

12. 一般情况下,动力蓄电池在低于-20℃或高于65℃时,无法补充电量,这是由锂离子蓄电池的特性所决定的。锂离子蓄电池的工作原理就是指其充放电原理:当对蓄电池进行充电时,蓄电池的正极上有锂离子脱出,脱出的锂离子经过电解液运动到负极。而负极的碳呈层状结构,它有很多细小的微孔,到达负极的锂离子就嵌入到碳层的微孔中,嵌入的锂离子越多,充电容量就越高,放电则正好相反。但是当温度升高到超过65℃时,负极的碳层状结构受热膨胀,使微孔挤压封闭,到达负极的锂离子就无法再嵌入到碳层的微孔中,因此就无法充电了。

13. 锂离子蓄电池不能过充/放电的原因:这是由于放电时,锂离子不能完全移向正极,必须保留一部分锂离子在负极,以保证下次充电时的锂离子能畅通嵌入通道,否则,蓄电池寿命就会缩短。为了保证放电后碳层中留有部分锂离子,就要求锂离子蓄电池不能过放电,即要严格限制放电终止最低电压;同时,根据锂离子工作原理,最高充电终止电压应为4.2V,不能过充,否则会因正极材料中的锂离子脱出太多时,造成晶型坍塌,而使蓄电池寿命终结。由此可见,锂离子充/放电控制精度要求相当高,既不能过充,也不能过放,否则都将影响蓄电池寿命,这是由锂离子蓄电池工作机理所决定的。

14. 新能源汽车的动力蓄电池一般位于车辆底部前、后桥及两侧纵梁之间,安装在这些位置能使其具有较高的碰撞安全性,可以降低车辆重心,使车辆操控性更好。

15. 动力蓄电池应当正立安装放置,不可倾斜,动力蓄电池组间应有通风措施,以避免动力蓄电池损坏所产生的可燃气体引起爆炸和燃烧。

16. 新能源汽车动力蓄电池系统由多个单体蓄电池串联或并联组成,以满足所需电压和功率要求。在实际使用中,由于单体蓄电池之间的差异,蓄电池组的容量只能达到组内最弱的单体蓄电池的容量。在串联蓄电池组中,虽然通过单体蓄电池的电流相同,但是由于其容量不同,单体蓄电池的放电深度也会不同,容量大的总会欠充欠放,而容量小的总会过充过放,这就造成容量大的单体蓄电池衰减缓慢、寿命长,容量小的衰减加快、寿命缩短,两者之间的差异会越来越大,最终小容量单体蓄电池的失效会导致蓄电池组的提前失效。

17. 动力蓄电池均衡仪的主要功能是:采集单体蓄电池电压参数,采用"串充补齐"的方式,对蓄电池组进行相关的维护。把蓄电池组内的单体蓄电池维护到蓄电池出厂时的水平,使其处于最佳工作状态,用以解决蓄电池组一致性差异。

18. 动力蓄电池均衡操作步骤:
(1)断开需要进行维护的动力蓄电池模组线束,通过均衡线束连接均衡仪与动力蓄电池模组。
(2)连接均衡仪器电源线,然后打开电源总开关和对应的充电单元开关。
(3)均衡仪上电开机并初始化完成后,进入操作主界面。
(4)点击"设备参数设置",进入设备参数设置主界面。可设置的参数有工作模式、工作电流、蓄电池类型、电压截止、过压保护和欠压保护。
(5)保存后进入"均衡维护"模式。
(6)当单体蓄电池电压达到目标值,且工作电流小于0.2A、时间大于3min,则单体蓄电池状态显示为"完成";当所有工作单体蓄电池通道"完成"时,整个工作单元通道均衡完成,结束工作。

19. 动力蓄电池均衡仪有三种工作模式,分别是:
(1)并充维护:即为所有单体蓄电池同时充电到目标值。
(2)均衡维护:即为低于目标值的单体蓄电池充电,为高于目标值的单体蓄电池放电。
(3)并放维护:即为所有单体蓄电池同时放电到目标值。

20. 动力蓄电池均衡仪的充电参数包括电压截止、过压保护和欠压保护。设置方法如下:
(1)电压截止值:电压截止值是用户期望均衡后达到的目标电压值,当单体蓄电池电压达到所设置的电压截止值时,设备停止工作。设置方法是在并充维护模式下,电压截止值低于过压保护值50mV即可;在并放模式下,电压截止值高于欠压保护值50mV即可。
(2)过压保护值:均衡过程中,当单体蓄电池电压超过过压保护值时,设备强制停机,避免损坏蓄电池或发生危险,是一种安全保护设置。设置方法是根据电池类型查阅维修手册,设置单体蓄电池能承受的最大安全电压。
(3)欠压保护值:均衡过程中,当单体蓄电池电压低于欠压保护值时,设备强制停机,避免损坏蓄电池,是一种安全保护设置。设置方法是根据蓄电池类型查阅维修手册,设置单体蓄电池能承受的最小安全电压。

第三节 动力蓄电池管理系统结构原理与维修诊断

(本节适用于检测维修士)

1.新能源汽车中,蓄电池管理系统(BMS)是动力蓄电池系统的核心部件,BMS通过电压、电流及温度检测等功能实现对动力蓄电池系统的过压、欠压、过流、过高温和过低温保护,包括继电器控制、充放电管理、均衡控制、故障报警及处理、与其他控制器通信等功能。此外,BMS还具有高压电路绝缘检测以及为动力蓄电池系统加热的功能。

2.蓄电池管理系统主要包括:数据采集、动力蓄电池状态计算、能量管理、安全管理、热管理、均衡控制、通信功能和人机接口等。如图2-1-2所示。

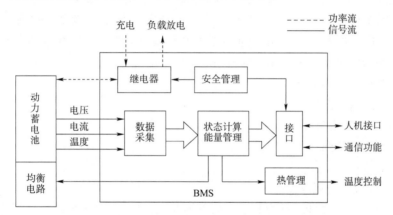

图2-1-2 蓄电池管理系统功能示意图

3.数据采集:BMS的所有算法都是以采集动力蓄电池数据作为输入,采样速率、精度和前置滤波特性是影响动力蓄电池系统性能的重要指标,一般要求采样速率大于200Hz(50ms)。

4.动力蓄电池状态计算:包括动蓄电池组荷电状态(SOC)和健康状态(state of health,简称SOH)两方面。SOC用来提示动力蓄电池组剩余电量百分比,是计算和估计车辆续驶里程的基础。SOH用来提示蓄电池健康度,可以理解为蓄电池当前的容量与出厂容量的百分比。

5.能量管理:主要包括以电流、电压、温度、SOC和SOH为输入进行充电过程控制,以SOC、SOH和温度等参数为条件进行放电功率控制两个部分。

6.安全管理:监视蓄电池电压、电流、温度是否超过正常范围,防止蓄电池组过充电、过放电。现在,除了对蓄电池组进行整组监控外,多数BMS同时可以对极端单体蓄电池进行过充电、过放电、过热等安全状态管理。

7.热管理:在动力蓄电池组工作温度超高时进行冷却,低于适宜工作温度下限时进行加热,使动力蓄电池处于适宜的工作温度范围内,并在动力蓄电池工作过程中总保持单体蓄电池间温度均衡。对于大功率放电和高温条件下使用的动力蓄电池,热管理尤为必要。

8. 均衡控制:由于单体蓄电池的一致性差异,动力蓄电池组的工作状态是由最差单体蓄电池决定的。在动力蓄电池组各个单体蓄电池之间设置均衡电路,实施均衡控制是为了使各单体蓄电池充放电的工作情况尽量一致,提高动力蓄电池组的工作性能。

9. 通信功能:通过 BMS 实现动力蓄电池系统参数、信息与车载设备或非车载设备的通信,为充/放电控制、整车控制提供数据依据,是 BMS 的重要功能之一,根据应用需要,数据交换可采用不同的通信接口,如模拟信号、多种脉冲宽度调制(Pulse width modulation,简称 PWM)信号、CAN 总线或串行接口。

10. 人机接口:根据设计的需要设置显示信息以及控制按键、旋钮等。

11. 蓄电池管理系统从结构性质上可分为硬件和软件。

(1)硬件包括:主控盒、从控盒和高压盒等,还包括采集电压、电流、温度等数据的电子器件。

(2)软件包括:底层软件和应用层软件,用来监测蓄电池电压、电流、SOC 值、绝缘电阻值、温度值,通过与 VCU、充电机通信,控制动力蓄电池系统的充放电。

12. BMS 的主控盒是一个连接外部通信和内部通信的平台,主要功能包括:

(1)接收蓄电池管理系统反馈的实时温度和单体蓄电池电压(并计算最大值和最小值);

(2)接收高压盒反馈的总电压和电流情况;

(3)与整车控制器的通信;

(4)与充电机或快充桩通信;

(5)控制正、负主继电器;

(6)控制蓄电池加热;

(7)唤醒应答;

(8)控制充/放电电流。

13. BMS 的从控盒"监控"动力蓄电池的单体蓄电池电压、蓄电池组的温度等信息,主要功能如下:

(1)监控每个单体蓄电池电压;

(2)监控蓄电池组的温度;

(3)检测高压系统绝缘性能;

(4)监测 SOC 值;

(5)将以上监控数据反馈给主控盒。

14. BMS 的高压盒"监控"动力蓄电池的总电压和充、放电流及绝缘性能等,主要功能包括:

(1)监控动力蓄电池的总电压;

(2)监控动力蓄电池的总电流;

(3)检测高压系统绝缘性能;

(4)监控高压电路连接情况;

(5)将以上监控数据反馈给主控盒。

15. 动力蓄电池管理的核心问题就是 SOC 的预估问题,动力蓄电池 SOC 的合理范围是

30%～70%,这对保证蓄电池寿命和整体的能量效率至关重要。

16. 新能源汽车在运行时,动力蓄电池的放电和充电均为脉冲工作模式,大的电流脉冲很可能会造成动力蓄电池过充电(SOC 超过 80%)、深放电(SOC 小于 20%)甚至过放电(SOC 接近 0),因此新能源汽车的控制系统一定要对动力蓄电池的荷电状态敏感,并能够及时做出准确的调整。

17. 蓄电池管理系统的蓄电池保护功能主要包括:防止过充电功能、防止过放电功能、防止过流功能、电压均衡功能、防止过热功能。

18. BMS 的过充电保护。过充电保护就是当动力蓄电池组中的某个单体蓄电池的电压高于设定的过充保护电压值,且该状态的保持时间超过预设时间时,启动保护功能,切断充电电路,停止充电,并锁定为过充电状态。当单体蓄电池电压恢复到设定的过充释放电压以下,且保持时间超过预设时间时,过充电保护释放。

19. BMS 的过放电保护。过放电保护就是当动力蓄电池组中的某个单体蓄电池的电压低于设定的过放保护电压值,且该状态的保持时间超过预设时间时,启动保护功能,切断放电电路,停止放电,并锁定为过放电状态。当单体蓄电池电压恢复到设定的过放释放电压以上,且保持时间超过预设时间时,过放电保护释放。

20. BMS 的过流保护。当动力蓄电池组的充电电流或放电电流超过预设值,且该状态的保持时间超过预设时间时,启动保护功能,切断充电电路或放电电路,停止充电或放电,并锁定为过流状态。过流保护在一定时间后自动释放。

21. BMS 的过热保护。BMS 可对动力蓄电池温度、环境温度、功率器件温度等温度状态进行监控,并转换为数字值,当检测到的温度超过设定的高温保护值,且该状态的保持时间超过预设时间时,启动保护功能,切断充电电路和放电电路,禁止对蓄电池组进行充电和放电,并锁定为短路状态。

22. BMS 的电压均衡功能。由于制作工艺等的差异,生产出来的单体蓄电池性能不可能完全一致,而使用中充放电的不同又加剧了单体蓄电池的不一致性。这就需要对动力蓄电池进行有效的均衡,以保证动力蓄电池组在使用周期内的一致性。

23. 常见的均衡技术分被动均衡和主动均衡。被动均衡与主动均衡的区别在于均衡过程中对所传递能量的处理方式不同,被动均衡属于能量耗散型均衡,主动均衡属于非能量耗散型均衡(即无损均衡)。

24. 主动均衡是以能量转移的方式进行,将单体能量高的转移到单体能量低的,从而实现整组蓄电池电压的均衡,在转移的过程中几乎不涉及能量的损耗,因此,也称为无损均衡。主动均衡对电压采集精度要求较高,电路结构也较复杂,均衡电路的拓扑结构主要包括基于电容、电感、变压器和 DC/DC 的方法。主动均衡在充电及放电过程中实现均衡,一般主动均衡电流可以做到 1～2A。由于主动均衡不受充电时间的限制,均衡时间较长,同时均衡电流比较大,所以比较适合大容量蓄电池组使用。

25. 被动均衡一般是通过在每个单体蓄电池上都并联一个分流电阻进行分流,从而实现整组蓄电池电压的均衡,对电压较高的单体蓄电池放电,以热量形式释放电量,也被称为能量耗散型均衡。被动均衡一般在动力蓄电池接近充满时才能启动,均衡时间较长,能量利用效率较低。一般被动均衡电流为 35～200mA,均衡电流越大发热越严重。被动均衡电路简单,成本较低,适用于容量较低的蓄电池组。

26. 主动均衡与被动均衡的对比见表2-1-1。

主动均衡与被动均衡的对比　　　　　　　　　表2-1-1

对比项目	被动均衡	主动均衡
均衡元器件	电阻	电容、电感、变压器、DC/DC
均衡方式	能量耗散	能量转移
复杂度	低	高
成本	低	高
均衡电流	35~200mA	1~2A

27. 被动均衡管理一般有两类:恒定分流电阻均衡充电电路、开关控制分流电阻均衡充电电路。

28. 主动均衡管理目前有两种方式:转移电能型变压器方式、转移电能型电容器方式。

29. 过高或过低的温度都将直接影响动力蓄电池的使用寿命和性能,并有可能导致动力蓄电池系统的安全问题,同时动力蓄电池箱内温度场长时间不均匀分布将造成各蓄电池电芯组、单体蓄电池间性能的不均衡。

30. 动力蓄电池热管理系统主要功能:动力蓄电池温度的准确测量和监控;动力蓄电池组温度过高时的有效散热和通风;低温条件下的快速加热;有害气体产生时的有效通风;保证动力蓄电池组温度场的均匀分布。

31. 动力蓄电池进行热量交换的方式主要有3种:热传导、热辐射和热对流。

(1)热辐射主要发生在蓄电池表面,与蓄电池表面材料的性质相关。

(2)热传导是指物体与物体直接接触而产生的热量交换。单体蓄电池内部的电极、电解液、集流体等都是热传导介质,而将动力蓄电池作为整体,蓄电池和环境温度以及环境热传导性质决定了热传导的情况。

(3)热对流是指动力蓄电池表面的热量通过环境介质(一般为流体)的流动交换热量,它也和温差成正比。

32. 按照传热介质,可将动力蓄电池组热管理系统分为空冷、液冷和相变材料冷却3种。目前最有效且最常用的散热系统是采用空气作为散热介质。

33. 动力蓄电池安全管理系统主要包括烟雾报警、绝缘检测、自动灭火、过电压和过电流控制、过放电控制、防止温度过高、在发生碰撞的情况下关闭电源等功能。

34. 一般为了实现电动机驱动的高效率化,会将新能源汽车的工作电压设定为100~500V。

35. 动力蓄电池管理系统可工作于下电模式、准备模式、放电模式、充电模式和故障模式5种工作模式。

36. 单体蓄电池电压采集方法有:继电器阵列法、恒流源法、隔离运放采集法、压/频转换电路采集法等。

37. 蓄电池温度采集方法有:热敏电阻采集法、热电偶采集法、集成温度传感器采集法等。

38. 常用的蓄电池工作电流采集方式有:分流器、互感器、霍尔元件电流传感器和光纤传感器 4 种。其中,光纤传感器昂贵的价格影响了其在控制领域的应用;分流器成本低、频响应好,但使用起来较麻烦,必须接入电流回路;互感器只能用于交流电路的测量;霍尔元件电流传感器性能好,使用方便。目前,在蓄电池管理系统电流采集与监测方面应用较多的是分流器和霍尔传感器。

第四节 动力蓄电池系统性能检测

(本节适用于检测维修士)

1. 动力蓄电池测试时,有单体蓄电池和蓄电池组两种形式。

2. 动力蓄电池系统的主要参数有:动力蓄电池系统的额定电压、动力蓄电池系统的总容量、动力蓄电池系统总能量、动力蓄电池系统质量比能量。其计算公式如下:

(1) 动力蓄电池系统的额定电压 = 单体蓄电池额定电压 × 单体蓄电池串联数。

(2) 动力蓄电池系统的总容量 = 单体蓄电池容量 × 单体蓄电池并联数量。

(3) 动力蓄电池系统总能量 = 动力蓄电池系统的额定电压 × 动力蓄电池系统的总容量。

(4) 动力蓄电池系统质量比能量 = 动力蓄电池系统总能量 ÷ 动力蓄电池系统质量。

3. 动力蓄电池常见测量参数主要从蓄电池基本性能、循环性能(使用寿命)和安全性能 3 个方面来对蓄电池的好坏作出评价。

4. 在对蓄电池基本性能进行评价时,通过测试蓄电池的容量、能量、内阻和输出功率来评定蓄电池的基本性能。由于测试的对象是用在汽车上的动力蓄电池,因此测试会包括对单体蓄电池的检测和针对串并联的蓄电池模块的检测,即一致性检测。

5. 循环性能测试主要测试的是整个动力蓄电池的常规使用寿命,考虑的因素有充、放电电流和工作的 SOC 范围。

6. 安全性能是车用动力蓄电池非常重要的一个指标,根据车辆的运行工况,测试动力蓄电池的可靠性等。

7. 常用的动力蓄电池技术指标的检测方法,包括荷电状态(SOC)检测、内阻检测、容量检测、循环寿命检测、一致性检测等。

8. SOC 状态检测。动力蓄电池的 SOC 反映电池的剩余容量状况,是动力蓄电池重要的技术参数。动力蓄电池组的 SOC 和很多因素相关且具有很强的非线性,给 SOC 的实时在线估算带来很大的困难,因此,还没有一种方法能十分准确地测量 SOC。目前主要的测量方法有以下几种:开路电压法、安时积分法、内阻法等。

(1) 开路电压法。利用蓄电池的开路电压与 SOC 的对应关系,通过测量蓄电池的开路电压来估计 SOC。开路电压法比较简单,但是,开路电压法适用于测试稳定状态下的蓄电池 SOC,不能用于动态蓄电池的 SOC 估算。

(2) 安时积分法。安时积分法是利用负载电流的积分估算 SOC,该方法可实时测量充入蓄电池和从蓄电池放出的电量,从而得到蓄电池任意时刻的剩余电量。这种方法实现起来较简单,受蓄电池本身影响较少,宜于发挥实时监测的优点,简单易用、算法稳定,是目前新能源汽车上使用最多的 SOC 估算方法。

(3)内阻法。蓄电池的 SOC 与蓄电池的内阻有一定的联系,可以利用蓄电池内阻与 SOC 的关系来预测蓄电池的 SOC。一般使用蓄电池内阻测试仪进行测试。

9. 内阻检测。内阻是蓄电池最为重要的特性参数之一,绝大多数老化的蓄电池都是因为内阻过大而无法继续使用的。通常蓄电池的内阻很小,一般用毫欧来度量它。锂离子蓄电池的内阻不是固定不变的常数,在使用中受荷电状态(SOC)和温度等因素的影响而变化。

10. 内阻测量是一个比较复杂的过程,目前主要有两种方法:直流放电法和交流阻抗法。

(1)直流放电法。直流放电法是对蓄电池进行瞬间大电流放电(一般为几十到上百安),然后测量电池两端的瞬间压降,再通过欧姆定律计算出电池内阻。该方法比较符合电池工作时的实际工况,简单易于实现,在实践中得到了广泛的应用。该方法的缺点是必须在静态或脱机的情况下进行,无法实现在线测量。一般使用直流放电测试仪进行测试。

(2)交流阻抗法。交流阻抗法是将小幅值的正弦波电流或者电压信号作为激励源,注入蓄电池,通过测定其响应信号来推算蓄电池内阻。该方法的优点在于用交流法测量时间较短,不会因大电流放电对蓄电池本身造成太大的损害。

11. 容量检测。容量是指完全充电的蓄电池在规定条件下所释放出的总容量,单位为 A·h。容量是蓄电池另一个重要的性能指标。

12. 容量测试的标准流程如图 2-1-3 所示。在完成测试流程后,用电流值对放电时间进行积分计算得到容量。

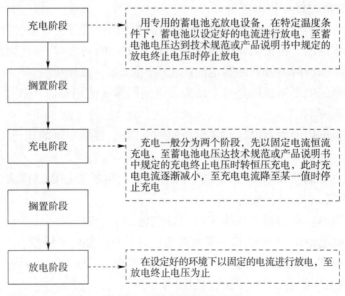

图 2-1-3　容量测试标准流程图

13. 动力蓄电池的寿命有循环寿命和日历寿命之分,其中应用最多的是循环寿命。

14. 一般认为,当动力蓄电池用旧只能充满原有电容量 80% 的时候,就不再适合继续在新能源汽车上使用,可以进行梯次利用、回收、拆解和再生。

15. 寿命检测。静态寿命检测方法是：将蓄电池充满电，蓄电池在特定温度和电流下放电，直到放电容量达到某一预先设定的数值，如此连续重复若干次。再将蓄电池充满电，将蓄电池放电到放电截止电压并检查其容量。如果蓄电池容量小于额定容量的80%则终止试验，充放电循环在规定条件下重复的次数为循环寿命数。

16. 一致性检测。利用蓄电池开路电压检测一致性的方法：将蓄电池静置数十天，测其满电状态下储存的自放电率以及满电状态下不同储存期内蓄电池的开路电压，通过观察自放电率和电压是否一致来对蓄电池的一致性进行评价。

第五节 动力蓄电池系统常见故障现象、诊断与排除

（6～14条适用于检测维修工程师，其他适用于检测维修士）

1. 根据故障对整车的影响将动力蓄电池的故障划分为三个等级，即一级故障（非常严重）、二级故障（严重）、三级故障（轻微）。

2. 一级故障（非常严重）：动力蓄电池在此状态下功能已经丧失，请求其他控制器立即（1s内）停止充电或放电。如果其他控制器在指定时间内未做出响应，动力蓄电池管理系统将在2s后主动停止充电或放电（即断开高压继电器）。例如动力蓄电池内部短路，温度过高，请求其他控制器立即（1s内）停止充电或放电。动力蓄电池上报一级故障一段时间后会造成整车出现安全事故，如引起爆炸、触电等，动力蓄电池在正常工作时不会上报一级故障，BMS一旦上报一级故障则表明动力蓄电池处于严重故障状态。

3. 二级故障（严重）：动力蓄电池在此状态下功能已经丧失，请求其他控制器停止充电或者放电；其他控制器应在一定的延时时间内（一般少于60s内）响应动力蓄电池停止充电或放电请求，例如BMS内部通信故障，绝缘电阻过低。动力蓄电池上报二级故障会造成整车进入跛行、暂时停止能量回馈、停止充电，动力蓄电池正常工作时不会上报该故障，BMS一旦上报该故障表明动力蓄电池某些硬件出现故障或动力蓄电池处于非正常工作的条件下。其他控制器响应动力蓄电池二级故障的延时时间一般少于60s，否则会引发动力蓄电池上报一级故障。

4. 三级故障（轻微）：表明动力蓄电池性能下降，动力蓄电池管理系统降低最大允许充/放电电流，例如单体蓄电池欠电压，温度不均衡。动力蓄电池上报三级故障对整车无影响或不同程度地造成整车进入限功率行驶状态，动力蓄电池正常工作状态可能上报该故障，BMS一旦上报该故障表明动力蓄电池处于极限环境温度下或单体动力蓄电池一致性出现一定劣化等。

5. 动力蓄电池故障可以通过故障指示灯进行判断。与动力蓄电池系统相关的故障指示灯主要有以下几种。

（1）动力蓄电池故障指示灯：动力蓄电池发生故障时点亮。

(2)高压断开指示灯:高压继电器断开时点亮,未上高压之前点亮。

(3)系统故障指示灯:一般故障,灯亮;严重故障,灯闪烁;致命故障,灯闪烁的同时蜂鸣报警。

(4)SOC 低指示灯:SOC 低于 20% 时灯亮;SOC 低于 10% 时灯闪烁。

(5)绝缘报警指示灯:一级故障,灯亮;二级故障,灯闪烁。

(6)蓄电池温度过高报警:蓄电池过热时点亮。

(7)CAN 故障灯:CAN 故障信号点亮。

(8)高压互锁报警灯:高压互锁故障时点亮。

6. 在动力蓄电池系统中,从故障发生的部位看,分为传感器故障、执行器故障(继电器故障)和部件故障(电芯故障)等,动力蓄电池系统故障诊断及处理十分必要。

7. 动力蓄电池系统故障诊断思路:利用故障诊断仪读取故障码并结合故障灯判别故障类别,找出故障区域(单体蓄电池故障、蓄电池管理系统故障、线路故障),再利用测量工具进一步确认故障点和类型。

8. 动力蓄电池系统故障按照故障发生的区域可以分为三类:单体蓄电池故障、蓄电池管理系统故障、线路或连接件故障。

9. 单体蓄电池故障包括:

(1)单体蓄电池性能下降,但能正常使用,无须更换,对应故障有单体蓄电池 SOC 偏低和单体蓄电池 SOC 偏高。如果单体蓄电池 SOC 偏低,则该单体蓄电池在汽车行驶过程中,电压先达到放电截止电压,使得蓄电池组实际容量降低,应对该单体蓄电池充电;如果单体蓄电池 SOC 偏高,则该单体蓄电池在充电末期最先达到充电截止电压,影响充电容量,应对该单体蓄电池进行单独放电。

(2)单体蓄电池性能衰退严重,应立即更换,故障表现有单体蓄电池容量不足和单体蓄电池内阻偏大。在蓄电池组中,最小的单体蓄电池容量限制了整个蓄电池组的容量,因此发生单体蓄电池容量不足故障会影响车辆续驶里程。锂离子蓄电池内阻如果过大,会严重影响蓄电池的电化学性能,如充放电过程中的极化严重、活性物质利用率低、循环性能差等。对于这类故障应更换单体蓄电池。

(3)影响行车安全的其他故障。这种故障表现为单体蓄电池内部短路;单体蓄电池外部短路;单体蓄电池极性装反。在强振动下锂离子蓄电池的极耳、极片上的活性物质、接线柱、外部连线和焊点可能会折断或脱落,造成单体蓄电池内部短路或者外部短路故障。这种故障会导致动力蓄电池热失控,严重时会引发起火、爆炸。对于这类故障,应排查短路故障,或者更换单体蓄电池。

(4)还有一种是单体蓄电池过充电或过放电的情况,这种故障会导致蓄电池内部短路、蓄电池热失控,严重时会引起起火甚至爆炸,这种故障一般是由于蓄电池管理系统故障引起的,应检查蓄电池管理系统。

10. 通常情况下,造成单体蓄电池性能下降或性能衰退严重的原因可能有两个:一是动力蓄电池成组时单体蓄电池一致性问题,单体蓄电池的 SOC、容量、内阻本身就存在差异;二是单体蓄电池在成组应用过程中因为应用环境差异(如温度、充放电电流)而造成的一致性差异增加,加剧单体蓄电池的不一致性。

11. 蓄电池管理系统若发生故障,就失去了对动力蓄电池的监控,不能估计动力蓄电池的 SOC,容易造成蓄电池的过充、过放、过载、过热以及不一致性问题增加,影响动力蓄电池的性能、使用寿命和行车安全。

12. 蓄电池管理系统故障包括:CAN 通信故障、总电压测量故障、单体蓄电池电压测量故障、温度测量故障、电流测量故障、继电器故障、加热器故障和冷却系统故障等,见表 2-1-2。

蓄电池管理系统故障　　　　　　　　　表 2-1-2

故障现象	故障后果	处理方法
CAN 通信故障	无法监控车辆	检查 CAN 网络
总电压测量故障	无法监控总电压	检查总电压测量模块
单体蓄电池电压测量故障	无法监控单体蓄电池电压	检查单体蓄电池电压测量模块
温度测量故障	无法监控蓄电池温度	检查温度测量模块
电流测量故障	无法监控蓄电池电流	检查电流测量模块
冷却系统故障	蓄电池温度偏高	检查冷却风扇控制电路

13. 线路或连接件故障。线路或连接件故障的诊断对于确保行车安全和整车的可靠性同样重要。在新能源汽车运行过程中,单体蓄电池之间可能发生相对跳动,造成两单体蓄电池间的连接片折断。蓄电池箱和新能源汽车的电气连接也是故障的高发点,插接器在经历长时间振动后容易产生虚接,出现易烧蚀、接触不良等故障。常见的线路或连接件的故障见表 2-1-3。

线路或连接件故障　　　　　　　　　表 2-1-3

故障现象	故障后果	处理方法
单体蓄电池间虚接	车辆动力不足,续驶里程短	紧固蓄电池连接
单体蓄电池间断路	车辆无法起动	检查蓄电池连接
快速熔断器断开	车辆无法起动	检查快速熔断器
动力电路插接器断开	车辆无法起动	检查动力电路插接器
动力电路插接器虚接	插接器易烧蚀,车辆动力不足	检查动力电路插接器
信号电路插接器故障	无法监控车辆	检查信号电路插接器
正极/负极继电器故障	车辆无法起动	检查接触线
电源线短路	蓄电池热失控严重时会起火甚至爆炸	检查电源线

14. 动力蓄电池的漏电检测方法:

(1) 使用万用表分别测量正极与壳体间的电压($V_正$)、负极与壳体间的电压($V_负$)。

(2) 比较 $V_正$ 和 $V_负$ 的值,选择其中较大者为 V_1(例如 $V_正 > V_负$,则 $V_1 = V_正$)。

(3) 在 V_1 电路中并联一个 100kΩ 的电阻,测量该电路的电压,获得 V_2。

(4) 测量 V_1 对地电阻,获得 R。

(5) 按公式计算:$[(V_1 - V_2) \div V_2 \times R] \div$ 动力蓄电池总电压。

(6) 判断标准:若计算结果大于 500Ω/V,则不漏电;若计算结果小于或等于 500Ω/V,则漏电。

第六节　动力蓄电池系统分解与拆装

（本节适用于检测维修士）

1. 动力蓄电池修理工位必须洁净、干燥、无油脂、无飞溅火花，因此必须避免紧靠车辆清洗场所或车身修理工位。如有可能应使用活动隔板或隔离带进行隔离。

2. 拆卸、分解动力蓄电池的安全注意事项：

（1）进行高压电路部件作业的现场，为了防止非工作人员未经授权进入工位，以及无法确保高电压本质安全或出现不明状态时，应使用隔离带。工作人员离开工作区域时，建议竖立发光黄色警告提示。

（2）拆卸动力蓄电池的盖板前，应清除动力蓄电池盖板区域内的残留水分和杂质。

（3）进行每项工作步骤之前、之中和之后都应对作业组件进行仔细的检查。例如拆卸某一组件时，应检查是否会因此操作导致其他组件损坏。

（4）在拔下和插上 BMS 的绝缘监控导线时，因为在较细的导线上存在高电压，必须特别小心。拔下插接器时，须注意不要拉动导线，并注意插接器是否正确锁止，如果未正确锁止，可能会无法识别绝缘故障。

（5）拆解工作中断时，应盖上拆下的壳体端盖并拧入几个螺栓，以防无意中打开壳体端盖。

（6）在高电压组件或连接件上或在其附近，不要使用带有尖锐刃口或边缘的工具或物体（例如螺丝刀、侧面切刀、刀具，允许使用装配楔）。在 12V 车载网络导线束上，允许使用侧面切刀打开导线扎带。

（7）不允许切开高电压导线上的扎线带。可以松开卡子或将高电压导线连同支架部件一起拆卸。

（8）拆卸和安装蓄电池电芯组时，松开螺栓和进行拆卸时必须注意，不要松开蓄电池电芯组上的塑料盖板，因为塑料盖板下面装有导电的蓄电池接触系统。

（9）如果高电压动力蓄电池单元内部有杂质时，明确原因后应对相关部位进行仔细清洁，允许使用的清洁剂有：酒精、风窗玻璃清洗液、玻璃清洗液、蒸馏水、带塑料盖的吸尘器。

（10）由于热交换器采用非常扁平的设计结构，导致拆卸和安装时损坏风险较高，因此必须始终由两个人来拆卸和安装热交换器。

（11）操作热交换器时，必须非常谨慎，因为热交换器损坏（弯曲、凹陷）时无法确保对蓄电池电芯组进行冷却。这样会使车辆行驶里程和功率明显下降。

（12）重新安装热交换器前，必须使用规定清洁剂清洁密封垫和密封面，包括排气装置、高电压插接器、12V 插接器、热交换器接口。

(13)电解液泄漏时,可能会释放电解液和溶剂蒸汽,接触皮肤或眼睛后须用大量清水冲洗并马上就医。

(14)进行动力蓄电池拆装作业时,应穿戴好劳保用品。

3. 高压电路操作前,维修人员必须穿戴好劳保用品,戴好绝缘手套,穿好高压绝缘鞋。在戴绝缘手套前,必须要检查绝缘手套是否破损,确保手套绝缘有效。

(1)检查绝缘手套外观有无明显磨损痕迹。

(2)检查绝缘手套密封性。

(3)确认密封良好后,佩戴绝缘手套。

4. 在高压系统部件的安装(包括所有插接器的连接)完成之前,必须确保蓄电池的负极电缆始终处于断开状态、维修开关处于断开位置。

5. 拆卸与分解动力蓄电池最重要的特殊工具包括:

(1)可移动升降台以及用于拆卸和安装动力蓄电池单元的适配接头套件。

(2)蓄电池电芯组充电器。

(3)用于修理动力蓄电池后进行试运行的专用测试仪。

(4)用于拆卸和安装动力蓄电池的起重工具。

(5)用于松开动力蓄电池内部卡子的塑料楔。

(6)隔离带。

(7)警示锥筒(建议使用带发光条的黄色警示锥筒)。

6. 只允许具备高电压动力蓄电池单元修理资质的维修人员进行动力蓄电池拆装和分解工作。

7. 动力蓄电池箱开箱流程与规范:

(1)选好与固定螺栓所匹配的相关工具。螺栓为内六角螺栓,须使用专用内六角扳手进行拆卸操作。

(2)用专用工具对准螺栓旋口,双手固定工具与螺栓位置均匀用力旋拧至螺栓脱离箱体。拆卸过程中应注意力矩大小,防止螺栓拧断或螺纹滑丝。

(3)检查螺栓是否全部拆除完毕。

(4)两名操作人员分别站在动力蓄电池的前、后,同时配合用力,在力量与速度同步且均匀的情况下抬起盖板,防止盖板折断。

8. 动力蓄电池箱扣盖密封流程与规范:

(1)两名操作人员分别站在动力蓄电池的前、后,同时配合用力,在力量与速度同步且均匀的情况下将盖板扣到动力蓄电池箱上。

(2)检查盖板,应无明显凸起、翘边,位置与箱体成平行状态。

(3)选好与箱体螺栓所匹配的旋拧工具。

(4)用专用工具对准螺栓旋口,双手固定工具与螺栓位置均匀用力旋紧螺栓。安装过程中对螺栓的拧紧力度要均匀,防止螺栓折断、滑丝。

(5)检查螺栓组合是否齐全、配件安装顺序是否正确。螺栓组合件为4件套,沿螺栓头方向的组合顺序为:弹片(上)→垫片(中)→防护胶垫(下),安装中必须配套使用。

(6)将盖板螺栓旋拧进箱体的螺栓孔。注意螺栓是否对准箱体螺纹孔。

(7)检查螺栓是否全部安装完毕。

(8)对盖板与箱体边缘涂打密封胶进行密封处理。密封过程中胶枪与密封胶应配合使用;密封胶涂打箱体一圈,禁止留有间隙。

9. 动力蓄电池箱体与车身分离操作流程与规范:

(1)操作前务必先断开整车辅助蓄电池负极连接线。

(2)使用举升机将车身托离地面约1.7m。

(3)检查动力蓄电池箱底有无明显破损现象,紧固螺栓是否齐全完好。

(4)在车身下方(动力蓄电池箱位置)放置托举平台并上升至接触动力蓄电池箱底面。

(5)检查并拆卸箱体与车身连接的连接线。检查高压电缆(2根)与通信插接器(1个)有无异常。拆卸高压电缆与通信插接器。

(6)使用专用工具对车身与动力蓄电池箱的固定螺栓进行拆卸。拆卸过程中双手应稳固、匀速地进行拧卸,工具须符合螺栓型号并满足拆卸需求。

(7)检查所有螺栓是否全部拆卸完毕。

(8)两人前后固定电池箱体,缓慢匀速下降托举平台,并观察箱体与车身接触情况直至全部脱离车身。

(9)拖拽托举平台离开车身下方。

10. 动力蓄电池箱体与车身安装流程与规范:

(1)动力蓄电池箱体需放置在专用的托举平台并将平台拖拽于车身下方。

(2)此项操作最少需要两人配合完成,缓慢匀速上升托举平台,防止速度过快导致箱体与车身碰撞或线束扯损,上升过程中,时刻对准车体下方电池箱体槽位。

(3)动力蓄电池箱体进入车身前,须仔细检查周边线束是否位置正确,防止摩擦、缠绕止损线束。

(4)检查箱体定位栓是否安装牢固无松动。

(5)仔细检查动力蓄电池箱体的定位栓是否准确插入定位插孔。

(6)前项检查完毕后,上升托举平台直至动力蓄电池箱体完全进入车身槽位。

(7)检查螺栓配件组合是否齐全,螺栓数量是否正确。安装顺序为:弹片(上)→垫片(下)。

(8)预旋入螺栓。应先将螺栓手动旋进插孔,确保螺栓可顺利安装。

(9)使用专用扭力工具进行螺栓的安装与紧固。双手稳固工具与螺栓匀速校紧。

(10)检查确认螺栓全部安装完毕并绝对紧固。

(11)缓慢匀速下降托举平台,并将车辆下降至地面。

11. BMS从控盒更换流程:

(1)将动力蓄电池箱体与车身分离。

(2)将动力蓄电池箱上盖打开。

(3)确认需更换的BMS从控盒位置。

(4)将从控盒的插接器全部拆卸。

(5)拆卸从控盒本体。

(6)使用十字螺丝刀将新从控盒双侧的固定片安装稳固。从控盒双侧固定片须用专用型号螺钉与从控盒配套使用。从控盒固定螺钉为标准3件套,沿螺钉头方向的组合顺序为:弹片(上)→垫片(下)。

(7)在原位置安装新从控盒,将插接器安装至新从控盒并安装插件。

(8)从控盒插口印有插接器标号。安装中按照插接器上的标签进行对号接插。

(9)再次检查线束插接器是否接插正确,以及是否有工具或异物遗落箱体内部。

(10)安装上盖并进行密封处理。

(11)将动力蓄电池箱体与车身进行安装。

考试模拟题

一、是非判断题

1. 铅酸蓄电池是一种电极主要由铅及其氧化物制成,电解液是硫酸溶液的蓄电池。(√)

2. 蓄电池模块是由单体蓄电池电芯组或单体电芯串联组成的一个组合体。(×)

3. 蓄电池管理系统具有高压回路绝缘检测及为动力蓄电池系统加热的功能。(√)

4. 新能源汽车的动力蓄电池一般位于车辆的前部,即传统车辆发动机的位置。(×)

5. 高电压动力蓄电池修理工位必须避免紧靠车辆清洗场所或车身修理工位,如有可能应使用活动隔板或隔离带进行隔离。(√)

6. 铅酸蓄电池技术最成熟,价格较低,但比容量较低且循环寿命较短。(√)

7. 单体蓄电池是蓄电池最基本的单元,也是构成车用动力蓄电池的基础。(√)

8. 蓄电池的SOC被用来反映蓄电池的总容量状况值。(×)

9. 绝大部分老化的动力蓄电池都是因为内阻过小而无法继续使用。(×)

10. 蓄电池的寿命有循环寿命和日历寿命之分,其中应用最多的是循环寿命。(√)

11. 蓄电池电芯组是构成动力蓄电池组的最小单元。(×)

12. 动力蓄电池的工作温度不仅影响动力蓄电池的性能,而且直接关系到新能源汽车使用的安全问题。(√)

13. 能量耗散型均衡管理是通过在每个单体蓄电池上都串联一个分流电阻,从而实现均衡的。(×)

14. 动力蓄电池应当正立安装放置,不可倾斜,动力蓄电池组间应有通风措施。(√)

15. 只允许具备高电压动力蓄电池单元修理资质的维修人员进行动力蓄电池拆装和分解工作。(√)

16. 为了实现电动机驱动的高效率化,会将新能源汽车的工作电压设定为100~500V。(√)

17. 动力蓄电池管理的核心问题就是SOC的预估问题,SOC的合理范围是10%~50%。(×)

18. 过充电是指蓄电池的充电时间太长。 （×）

19. 单体蓄电池的电压不均衡时，电压最低的单体蓄电池会影响整体性能，电池组无法获得应有性能。 （√）

20. 动力蓄电池的冷却只能采用水冷的方式。 （×）

21. 蓄电池组的工作状态是由最好的单体蓄电池决定的。 （×）

22. BMS的二级故障是指动力蓄电池在此状态下功能已经丧失，请求其他控制器立即（1s内）停止充电或放电。 （×）

23. 动力蓄电池安全管理系统主要包括烟雾报警、绝缘检测、自动灭火、过电压和过电流控制、过放电控制、防止温度过高、在发生碰撞的情况下关闭电源等功能。 （√）

24. 热传导主要发生在蓄电池表面，与动力蓄电池表面材料的性质相关。 （×）

二、单项选择题

1. 锂离子蓄电池利用正极及负极之间锂离子的移动来进行(A)。
   A. 充电和放电　　B. 散热　　C. 产生热量　　D. 延长使用寿命

2. 一般认为，当蓄电池用旧只能充满原有电容量(C)时候，认为蓄电池失效。
   A. 40%　　B. 60%　　C. 80%　　D. 10%

3. 下列参数中，用来评定动力蓄电池组中每个单体蓄电池的容量均匀程度的是(A)。
   A. 一致性　　B. 总容量　　C. 总内阻　　D. 总开路电压

4. 蓄电池容量测试的标准流程为：放电阶段→(B)→充电阶段→搁置阶段→(B)。
   A. 放电阶段，搁置阶段　　B. 搁置阶段，放电阶段
   C. 放电阶段，充电阶段　　D. 搁置阶段，充电阶段

5. 在高压系统部件的安装及所有连接器的连接完成之前，必须确保蓄电池的负极电缆始终处于断开状态，维修开关处于(A)。
   A. 断开位置　　B. 闭合位置　　C. 没有特殊要求　　D. 根据实际情况确定

6. 蓄电池管理系统的蓄电池状态计算包括蓄电池组(A)和蓄电池组健康状态两方面。
   A. 荷电状态　　B. 电压　　C. 电流　　D. 温度

7. 蓄电池管理系统的简称是(C)。
   A. PCU　　B. MCU　　C. BMS　　D. VCU

8. 蓄电池管理系统的主要功能是(A)。
   A. 管理动力蓄电池的能量和技术状态　　B. 管理车辆动力的输出
   C. 检测电动机运行温度　　D. 控制新能源汽车动力模式

9. 蓄电池管理系统的所有算法都是以采集(B)作为输入。
   A. 动力蓄电池电压　　B. 动力蓄电池数据
   C. 动力蓄电池温度　　D. 动力蓄电池质量

10. 使用动力蓄电池均衡仪对动力蓄电池进行均衡维护时，在并充维护模式下，电压截止值应(C)50mV即可。
    A. 低于欠压保护值　　B. 高于欠压保护值
    C. 低于过压保护值　　D. 高于过压保护值

11. 动力蓄电池组发生一级故障时,如果其他控制器在指定时间内未作出响应,蓄电池管理系统将在(B)后主动停止充电或放电(即断开高压继电器)。
    A. 1s　　　　　　B. 2s　　　　　　C. 5s　　　　　　D. 10s
12. 新能源汽车蓄电池 SOC 的合理范围是(C),这对保证蓄电池寿命和整体的能量效率至关重要。
    A. 10%～60%　　B. 20%～80%　　C. 30%～70%　　D. 30%～90%
13. 在锂离子蓄电池的充放电过程中,锂离子处于从蓄电池(D)的运动状态。
    A. 正极→负极　　　　　　　　　　B. 负极→正极
    C. 负极→正极→负极　　　　　　　D. 正极→负极→正极

三、多项选择题

1. 新能源汽车常用的动力蓄电池类型有(AB)。
   A. 锂离子蓄电池　　B. 镍氢蓄电池　　C. 铁氢蓄电池　　D. 干电池
2. 锂离子蓄电池主要的组成部件有(ABCD)。
   A. 作为氧化剂的正极活性物质　　　B. 作为还原剂的负极活性物质
   C. 为锂离子导电的电解液　　　　　D. 防止两个电极产生短路的隔板
3. 动力蓄电池常见测量参数涉及(ABC)。
   A. 基本性能　　B. 安全性　　C. 使用寿命　　D. 价格
4. 对动力蓄电池基本的测试参数有(BCD)。
   A. 荷电状态(SOC)　　　　　　　　B. 内阻
   C. 容量　　　　　　　　　　　　　D. 一致性
5. 下列测量方法用于测量 SOC 的是(ABC)。
   A. 安时积分法　　B. 开路电压法　　C. 内阻法　　D. 循环放电法
6. 常用的动力蓄电池技术指标的检测方法,包括(ABCD)。
   A. 荷电状态(SOC)　　　　　　　　B. 容量
   C. 内阻检测　　　　　　　　　　　D. 循环寿命检测
7. 动力蓄电池组的单体蓄电池的构成为(ABC)。
   A. 正极、负极　　B. 电解质　　C. 外壳　　D. 蓄电池电芯组
8. 动力蓄电池辅助元器件有(ABCD)。
   A. 熔断器　　B. 插接器　　C. 继电器　　D. 维修开关
9. 下列属于动力蓄电池系统的组成有(ABCD)。
   A. 动力蓄电池模组　　B. 动力蓄电池箱　　C. 辅助元器件　　D. 蓄电池管理系统
10. 下列关于动力蓄电池箱的技术要求描述正确的有(AC)。
    A. 防护等级为 IP67　　　　　　　　B. 防护等级为 IP 76
    C. 螺栓拧紧力矩为 80～100N·m　　D. 螺栓拧紧力矩为 60～80N·m
11. 下列功能属于蓄电池管理系统的是(ABCD)。
    A. 防止过度充电　　　　　　　　　B. 防止过度放电
    C. 平衡每个单体蓄电池电压　　　　D. 防止过热

12. 蓄电池管理系统通常对蓄电池组进行冷却的方式有(AB)。
    A. 水冷　　　　B. 风冷　　　　C. 不冷却　　　　D. 干冰冷却
13. 动力蓄电池管理系统可工作于下列(ABCD)模式。
    A. 准备模式　　B. 放电模式　　C. 故障模式　　　D. 下电模式
14. 蓄电池工作电流采集方式有(ABCD)。
    A. 分流器　　　　　　　　　　B. 互感器
    C. 霍尔元件电流传感器　　　　D. 光纤传感器
15. 根据均衡过程中对所传递能量的处理方式不同,均衡方式可以分为(AB)。
    A. 能量耗散型均衡　　　　　　B. 非能量耗散型均衡
    C. 静态均衡　　　　　　　　　D. 多方式综合型
16. 动力蓄电池内部热传递方式主要有(ABC)。
    A. 热传导　　　B. 热对流　　　C. 热辐射　　　　D. 热交互
17. 下列属于动力蓄电池系统的主要组成部分的有(BCD)。
    A. 辅助传感器　　　　　　　　B. 蓄电池管理系统
    C. 蓄电池模组　　　　　　　　D. 动力蓄电池箱

第二章

驱动电机系统原理及维修诊断

第一节 驱动电机系统的认识

（本节适用于检测维修士）

1. 驱动电机系统是新能源汽车三大核心部件之一，也是车辆行驶的主要执行机构，其特性决定了车辆的主要性能指标，直接影响着车辆的动力性、经济性和用户驾驶感受。因此，驱动电机系统是新能源汽车中最重要的部件之一。

2. 驱动电机系统由驱动电机和驱动电机控制器构成，通过高低压线束、冷却管路与整车其他系统作电气和散热连接。如图2-2-1所示。

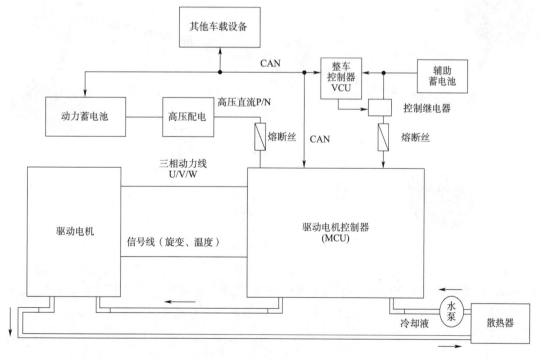

图 2-2-1 驱动电机系统连接示意图

3.驱动电机系统中,电机控制器依靠内置传感器来采集驱动电机的工作信息,这些传感器包括:

(1)旋变传感器,用以检测电机转子位置,控制器解码后可以获知电机转速;

(2)温度传感器,用以检测电机的绕组温度,控制器可以保护电机避免过热。

4.驱动电机系统工作必须满足以下条件:

(1)高压电源输入正常(一般绝缘性能大于20MΩ);

(2)低压12V电源供电正常(电压范围9~16V);

(3)与整车控制器通信正常;

(4)电容放电正常;

(5)旋变传感器信号正常;

(6)三相交流输出电路正常,电机及电机控制器温度正常,开盖保持开关信号正常。

5.驱动电机系统有两种驱动模式:一是驱动模式,二是发电模式。

(1)驱动模式。当驱动电机控制器从整车控制器处得到转矩输出命令时,将动力蓄电池提供的直流电,转化成三相正弦交流电,驱动电机输出转矩,通过机械传输来驱动车辆。如图2-2-2所示。

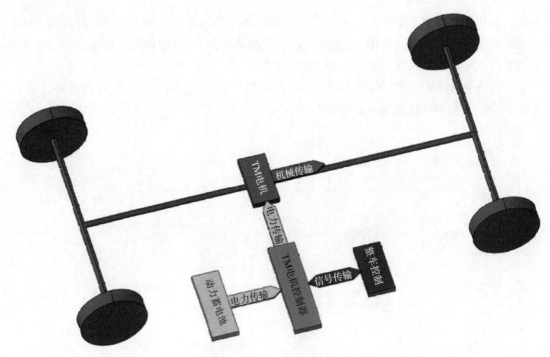

图2-2-2 驱动电机系统驱动模式

(2)发电模式。驱动电机不仅可以驱动车辆行驶,而且可以进行制动能量回收。驱动电机在制动、缓慢减速时,整车控制器发出相应指令,使驱动电机转换为发电机发电工况,此时驱动电机会将车辆动能转换为电能,通过电机控制器以电能的形式向动力蓄电池充电。如图2-2-3所示。

图 2-2-3　驱动电机系统发电模式

第二节　驱动电机的知识

（14、15、49～51、54 条适用于检测维修工程师，其他适用于检测维修士）

1. 驱动电机是电能和机械能转换，实现车辆驱动的关键部件，是典型的机电混合体。

2. 新能源汽车采用的驱动电机的特点有：体积小、功率密度大；全速段高效运行；效率高、高效区广、质量轻；高可靠性、高电压、高转速；安全性与舒适度好。

3. 提升驱动电机的效率，保证每千瓦时电都能发挥最大的用处，可以有效提升新能源汽车的续驶里程。

4. 基于汽车用户的体验，新能源汽车驱动电机还需关注电机自身的安全性和舒适度。

（1）安全性，可以理解成电机的可靠性，即电机在恶劣环境下能否正常工作。可通过高低温箱试验来进行安全性能检测。

（2）舒适度，即电机在运行时是否会对驾驶人产生体验上的不适，关注的是电机运行时的振动和噪声情况。

5. 驱动电机可分为两大类，即有换向器电机和无换向器电机。

（1）有换向器的直流电机简称为直流电机。由于技术成熟、控制简单，直流电机曾在电力驱动领域有着突出的地位。实际上各类直流电机包括（串励、并励、他励、复励和永磁直流电机）都曾在新能源汽车上得到应用。但其电刷和换向器需要经常维护，可靠性低，正在被交流无刷电机取代。

(2)无换向器电机包括感应电机、永磁同步电机、永磁无刷直流电机、开关磁阻电机等。无换向器电机在效率、功率密度、运行成本、可靠性等方面明显优于传统的直流电机,因此在现代新能源汽车中获得广泛应用。

6. 新能源汽车常用的驱动电机主要有:直流电机、三相交流异步电机、永磁同步电机、开关磁阻电机与轮毂电机等。

7. 驱动电机按照电机电源供给进行的分类,主要包括:直流电机、交流电机和特殊波形电机(交流或脉动电流)。

8. 直流电机是输出或输入为直流电能的旋转电机,它是能实现直流电能和机械能互相转换的电机。

9. 直流电机由定子和转子两部分组成,定子的主要作用是产生气隙磁场,由主磁极、换向极、机座和电刷装置组成。转子是直流电机的转动部分,俗称电枢。转子部分包括电枢铁芯、电枢绕组、换向器、转轴、轴承等。

10. 由励磁绕组形成磁场的直流电机,根据励磁方式的不同,直流电机可分为:他励直流电机、并励直流电机、串励直流电机、复励直流电机。

11. 直流电机的特点:调速性能好、起动转矩大、控制简单、易磨损。

12. 直流电机起动的基本要求:

(1)有足够大的转动力矩;

(2)起动电流要小于允许值。通常要求电机的起动电流不超过额定电流的2~2.5倍。

13. 直流电机常用的起动方法:直接起动、电枢回路串变阻器起动和降压起动。

14. 直流电机有3种调速方法:电枢串电阻调速、降低电压调速、减弱磁通调速。

15. 直流电机的检修:

(1)换向器故障。表现为刷火异常,即明亮、爆鸣状、火球状或飞溅状刷火。刷火异常原因:电磁原因、机械原因、负载原因、环境原因等。

(2)电枢故障。电枢常有搭铁和短路故障,原因主要有电枢绕组绝缘长期过热老化;绕组遭受潮气、酸类侵蚀;槽内线圈松动、线圈绝缘遭受机械损伤等。

(3)绕组故障。定子绕组常见故障有绝缘电阻降低、匝间短路、断路、搭铁以及绕组连接极性接反。

16. 若串励绕组产生的磁通势与并励绕组产生的磁通势方向相同称为积复励。若两个磁通势方向相反,则称为差复励。

17. 感应电机,又称"异步电机",即转子置于旋转磁场中,在旋转磁场的作用下,获得一个转动力矩,因而转子转动。感应电机的主要特点是转子与定子磁场变化之间存在转速差。

18. 同步电机是指转子转速与定子旋转磁场的转速同步的电机。

19. 永磁同步电机系统具有高控制精度、高转矩密度、良好的转矩平稳性以及低噪声的特点,通过合理设计永磁磁路结构能获得较高的弱磁性能,提高电机的调速范围。所以在新能源汽车方面得到了广泛的应用。永磁同步电机是在新能源汽车上运用最多的一种驱动电机。

20. 永磁同步电机的优点:效率高、体积小、质量轻及可靠性高。

21. 永磁同步电机分为正弦波驱动电流的永磁同步电机和方波驱动电流的永磁同步电机。新能源汽车中应用比较广泛的是以三相正弦波驱动的永磁同步电机。

22. 永磁同步电机主要是由转子、端盖及定子等各部件组成的。永磁同步电机的转子为永磁磁体,转子磁体的 N 极、S 极随着定子绕组的旋转磁场磁极的移动而旋转,磁场产生磁通量,电枢完成电能与机械能的转换。

23. 一般来说,永磁同步电机的最大特点是它的定子结构与普通的感应电机的结构非常相似,主要是转子独特的结构与其他电机形成了差别。

24. 永磁同步电机的定子。定子与普通电机基本相同,由电枢铁芯和电枢绕组构成。电枢铁芯一般采用 0.5mm 硅钢冲片叠压而成,对于具有高效率指标或频率较高的电机,为了减少铁耗,可以考虑使用 0.35mm 的低损耗冷轧无取向硅钢片。电枢绕组则普遍采用分布、短距绕组;对于极数较多的电机,则普遍采用分数槽绕组;需要进一步改善电动势波形时,也可以考虑采用正弦绕组或其他绕组。

25. 永磁同步电机的转子。转子主要由永磁体、转子铁芯和转轴等构成。其中永磁体主要采用铁氧体永磁和钕铁硼永磁材料;转子铁芯可根据磁极结构的不同,选用实心钢,或采用钢板或硅钢片冲制后叠压而成。与普通电机相比,永磁同步电机还必须装有转子永磁体位置检测器,用来检测磁极位置,并以此对电枢电流进行控制,达到对永磁同步电机驱动控制的目的。

26. 转子位置传感器。在永磁同步电机中,通常转子位置传感器与电机轴连在一起,用来随时测定转子磁极的位置,为电子换向提供正确的信息。目前,永磁同步电机的位置传感器有很多种方式,像光电编码式、磁敏式、电磁式等,也有控制精度要求相对较高的场合,采用正弦或余弦旋变传感器等位置传感器。

27. 逆变器。转子位置传感器将转子的位置信号电平反馈给控制芯片,控制芯片经过电流采样和数学变换,并根据反馈的位置信息经过闭环运算,重新按新的 PWM 占空比输出,来触发功率器件,实际上逆变器是自控的,由自身运行来保证电机的转速和电流输入频率同步,并避免震荡和失步的发生。

28. 永磁同步电机工作原理。永磁同步电机的运动是由定子绕组、转子鼠笼绕组和永磁体的相互作用而形成。电机静止时,给定子绕组通入三相对称电流,产生定子旋转磁场,定子旋转磁场相对于转子旋转在笼型绕组内产生电流,形成转子旋转磁场,定子旋转磁场与转子旋转磁场相互作用产生的异步转矩使转子由静止开始加速转动。

29. 永磁同步电机是靠转子绕组的异步转矩实现起动的,起动完成后,转子绕组不再起作用,由永磁体和定子绕组产生的磁场相互作用产生驱动转矩。

30. 电枢反应。永磁同步电机带负载时,气隙磁场是永磁体磁动势和电枢磁动势共同建立的。电枢磁动势对气隙磁场有影响,电枢磁动势的基波对气隙磁场的影响称为电枢反应。电枢反应不仅使气隙磁场波形发生畸变,而且还会产生去磁或增磁作用。因此,气隙磁场将影响永磁同步电机的运行特性。

31. 由于在转子上安放永磁体的位置有很多选择,所以永磁同步电机通常会被分为三大类:内嵌式、面贴式、插入式。

32. 从永磁转子的磁路特点分析,内嵌式永磁转子结构,改变了电机交、直流磁路,可以改善电机的调速特性,拓宽速度范围。

33. 永磁同步电机的优点:

(1)用永磁体取代绕线式同步电机转子中的励磁绕组,从而省去了励磁线圈、滑环和电刷,以电子换向实现无刷运行,结构简单,运行可靠。

(2)永磁同步电机的转速与电源频率间始终保持准确的同步关系,控制电源频率就能控制电机的转速。

(3)永磁同步电机具有较硬的机械特性,对于因负载的变化而引起的电机转矩的扰动具有较强的承受能力,瞬间最大转矩可以达到额定转矩的3倍以上,适合在负载转矩变化较大的工况下运行。

(4)永磁电机转子为永久磁铁无须励磁,因此电机可以在很低的转速下保持同步运行,调速范围宽。

(5)永磁同步电机与异步电机相比,不需要无功励磁电流,因而功率因数高,定子电流和定子铜耗小,效率高。

(6)体积小、质量轻。近些年来随着高性能永磁材料的不断应用,永磁同步电机的功率密度得到很大提高,比起同容量的异步电机来,体积和质量都有较大的减少。

(7)结构多样化,应用范围广。

34. 永磁同步电机的缺点:

(1)由于永磁同步电机转子为永磁体,无法调节,必须通过加定子直轴去磁电流分量来削弱磁场,这会增大定子的电流,增加电机的铜耗;

(2)永磁电机的磁钢价格较高。

35. 永磁同步电机体积小、质量轻、转动惯量小、功率密度高(可达1kW/kg),适合新能源汽车空间有限的特点;另外,转矩惯量比大、过载能力强,尤其低转速时输出转矩大,适合新能源汽车的起动加速。

36. 从当前的应用情况来看,大多数新能源汽车使用的驱动电机都是三相永磁同步电机。由于作为驱动电机需要具有一定的输出功率,因此汽车上的驱动电机都在有限的转矩输出下,设计成高速电机。

37. 开关磁阻电机,本体采用定子、转子双凸极结构,单边励磁,即只有定子凸极采用集中绕组励磁,而转子凸极上既无绕组,也无永磁体;定子、转子都由硅钢片叠压而成。

38. 开关磁阻电机控制系统主要由功率变换器、控制器、位置传感器等组成。

39. 开关磁阻电机的控制方式:

(1)电流斩波控制。对于电流斩波控制,一般保持电机的开通角和关断角不变,而主要以控制斩波电流的上下幅值进行比较,从而起到调节电机转矩和转速的目的。实现方式有两种:限制电流上、下幅值的控制;电流上限和关断时间恒定。

(2)电压斩波控制。电压控制是某相绕组导通阶段,在主开关的控制信号中加入PWM信号,通过调节占空比来调节绕组端电压的大小,从而改变相电流值,具体方式是在固定开通角和关断角的情况下,用PWM信号来调制主开关器件相控信号,通过调节此PWM信号的占空比从而改变相绕组的平均电压,进而改变输出转矩。

(3)角度位置控制。角度控制方式是保持电压不变,通过对开通角和关断角进行控制来改变电流波形以及电流波形与绕组电感波形的相对位置。

40. 开关磁阻电机具有结构简单坚固、可靠性高、质量轻、成本低、效率高、温升低、易于维修等诸多优点;而且它具有直流调速系统的可控性好的优良特性,同时适用于恶劣环境,非常适合作为新能源汽车的驱动电机使用。

41. 开关磁阻电机转速控制系统主要由开关磁阻电机(SRM)、功率变换器、电子控制器、位置检测器、电流检测器等构成。

42. 交流感应电机又称为交流异步电机,是由气隙旋转磁场与转子绕组感应电流相互作用产生电磁转矩,从而实现电能转换为机械能的一种交流电机。交流感应电机通常按转子结构和定子绕组相数进行分类。按转子结构来分,可分为笼型和绕线型;按定子绕组相数来分,则有单相和三相,在新能源汽车中,笼型交流感应电机应用较为广泛,具有结构简单且坚固、制造成本低、维修方便等优点。

43. 三相交流异步电机的定子、转子由硅钢片叠压而成,两端用铝盖封装,定、转子之间没有相互接触的机械部件,结构简单,运行可靠耐用,维修方便。

44. 交流感应电机是由静止的定子和可以旋转的转子组成,定子和转子之间为气隙,交流感应电机的气隙一般为 0.5~2.0mm,气隙的大小对交流感应电机的性能有很大影响。

45. 交流感应电机起动方法:

(1)直接起动。20~30kW 的异步电机一般都采用直接起动。

(2)降压起动。有两种方式,一是星形-三角形(Y-△)换接起动,降压起动时的电流为直接起动时的 1/3;二是自耦降压起动,适合于容量较大的或正常运行时联成 Y 形不能采用 Y-△起动的鼠笼式异步电机。

(3)转子串电阻起动。适用于绕线式电机。这种起动方法既可以降低起动电流,又可以增加起动转矩,常用于要求起动转矩较大的生产机械上。

46. 交流感应电机具有以下特点:

(1)小型轻量化。

(2)易实现转速超过 10000r/min 的高速旋转。

(3)高转速低转矩运行效率高。

(4)低速时有高转矩输出,以及具有较宽的速度调节范围。

(5)高可靠性。

(6)制造成本低。

47. 交流感应电机由于成本低、坚固耐用、速度范围宽等特点,适合用于新能源汽车,目前采用交流感应电机驱动系统的车辆主要有美国通用公司的 EV-1 型纯电动汽车,福特公司生产的纯电动汽车以及为人所熟知的特斯拉纯电动汽车等。

48. 轮毂电机技术又称车轮内装电机技术,因为轮毂电机具备单个车轮独立驱动的特性,所以无论是前驱、后驱还是四驱形式,它都可以比较轻松地实现,全时四驱在轮毂电机驱动的车辆上实现起来非常容易。应用轮毂电机可以大大简化车辆的结构,传统的离合器、变速器、传动轴将不复存在。这也意味着节省出更多的空间。更重要的一点轮毂电机可以和传统动力并联使用,这对于混合动力车型同样很有意义。

49. 驱动电机进行维修时的基本要求是:

(1)维修装配时都要清洁电机内部,不能有杂质。

(2)电机在修理后,电机应空转灵活,无定子与转子相擦现象或异常响声(如周期性的异响、轴承受损后的异响、微小异物卡滞在转动部位引起的异响等)。

50.驱动电机密封处的维修要求:

(1)彻底清洗接合面。

(2)接合面一定要涂抹密封胶(耐油硅酮密封胶 M-1213 型)。接合面为:通气塞螺纹、排气管螺纹、挡水板与后箱体接合处、后箱体与减速器前箱体接合处。

(3)铭牌要用 AB 胶涂抹接合处。

51.驱动电机轴承的维修要求:

(1)安装轴承前要将箱体置于 120℃烤箱中加热 30min。

(2)安装过程时,采用规定的工装进行操作。

52.驱动电机装配时涂抹油脂的要求:

(1)三相动力线束总成与后箱体装配孔装配时涂抹油脂。

(2)旋变传感器插接器与后箱体装配时涂抹润滑油。

53.驱动电机的转子带强磁性,电机除高低压盖板外,其余零部件禁止拆装。

54.驱动电机常见的故障有:电机起动困难或不能起动、电机运行温度过高。

55.驱动电机总成的清洁检查要求:清洁驱动电机外部,应该无油污、无杂物、无破损;检查隔热装置完好,无破损,固定可靠;驱动电机线束插接器上无油污、无灰尘,线束固定牢固、可靠,与其他部件无擦碰。

56.驱动电机总成的紧固、连接检查要求:检查、校紧驱动电机连接螺栓、螺母,驱动电机支撑、变速器(减速器)等部位连接可靠、无松动现象。

第三节 驱动电机管理系统原理及检修

(16~19、22、28~38 条适用于检测维修工程师,其他适用于检测维修士)

1.驱动电机控制器(Motor Control Unit,简称 MCU)是驱动电机系统的控制中心,又称智能功率模块,将输入的直流高压电逆变成电压、频率可调的三相交流电,供给配套驱动电机使用;同时,对所有的输入信号进行处理,控制驱动电机运行状态,并将驱动电机运行状态发送给整车控制器。

2.驱动电机控制器主要功能包括:怠速控制(爬行)、控制电机正转(前进)、控制电机反转(倒车)、能量回收(交流转换直流)、驻坡(防溜车)。

3.驱动电机控制器另一个重要功能是通信和保护,实时进行状态和故障检测,保护驱动电机系统和故障反馈。

4.驱动电机控制器内部也会有来自车辆辅助蓄电池的 12V 电源,以运行驱动电机传感器及其他处理器。

5. 驱动电机控制器结构包括,功率电路、驱动与保护、控制电路三大部分。
(1)功率电路用于进行能量的变换;
(2)驱动与保护电路,用于实现对功率模块的驱动控制与故障保护;
(3)控制电路用于实现电机的转矩和转速控制与整车通信等功能。

6. 电机控制器以绝缘栅双极型晶体管(Insulated Gate Bipolar Transistor,简称 IGBT)模块为核心,辅以驱动集成电路、主控集成电路,对所有的输入信号进行处理,并将驱动电机控制系统运行状态的信息通过 CAN 总线发送给整车控制器。

7. 驱动电机控制器内含故障诊断电路,当诊断出异常时,它将会激活一个错误代码发送给整车控制器,同时也会把该故障码和数据存储。

8. 驱动电机控制器主要由:接口电路、控制主板、IGBT 模块、超级电容、放电电阻、电流感应器、壳体水道等组成。

9. 控制主板。与整车控制器通信监测高压母线电流,控制 IGBT 模块工作状态,监控高压线束的绝缘和工作连接情况并反馈。IGBT 模块的温度信号、旋变传感器信号经过处理反馈给电机控制单元。

10. 超级电容是一种以电场形式储存能量的无源器件。超级电容在接通高压电路时充电,在需要驱动电机起动的时候,能够把储存的能量释放至电路,在驱动电机起动时保持电压的稳定。电源波动时,超级电容会随之充/放电。

11. 放电电阻:断开高压电路时,通过放电电阻给超级电容放电,放电电阻通常和超级电容并联。当控制器带动的电机或其他感性负载在停机的时候,可采用能耗制动的方式来实现的,就是把停止后驱动电机的动能和线圈里面的磁能都通过一个其他耗能元件消耗掉,从而实现快速停车。当供电停止后,控制器的逆变电路就反向导通,把这些剩余电能反馈到变频器的高压母线上来,母线上的电压会因此升高,当升高到一定值的时候,电阻就投入运行,使这部分电能通过电阻发热的方式消耗掉,同时维持母线上的电压保持在一个正常值。放电电路有故障时,有可能会导致高压断电。等效电路如图 2-2-4 所示。

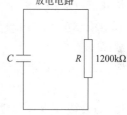

图 2-2-4 等效电路图

12. IGBT 模块,是由双极型三极管(Bipolar Junction Transistor,简称 BJT)和绝缘栅型场效应管(Metal-Oxide-Semiconductor Field-Effect-Transistor,简称 MOSFET)组成的复合全控电压驱动式功率开关器件,兼有 MOSFET 的高输入阻抗和功率晶体管(Giant Transistor,简称 GTR)的低导通压降两方面的优点。

13. 驱动电机控制器会根据整车控制器的指令,控制 IGBT 的接通和断开,从而来实现驱动电机的输出或作为发电机工作。

14. IGBT 模块根据控制器主板的指令,将输入的高压直流电流逆变成频率可调的三相交流电流供给配套的三相永磁同步电机使用。在能量回收过程中对三相交流电流进行整流,同时检测高压母线电压、驱动电机相电流以及 IGBT 模块温度并将检测信息反馈给电机控制器。

15. 在对电机逆变的过程中,通过顺序起动 IGBT 的高电流开关晶体管,控制其相应的驱动电机或发电机的速度、方向和输出转矩。

16. 当任意一相 IGBT 温度大于 IGBT 温度限制值(90℃),MCU 进入零转矩控制模式,同时向 VCU 发送零转矩模式状态标志位。

17. 驱动电机控制器会检测每个 IGBT 的故障情况,当发现相应故障后,会关闭逆变器功能。

18. 工作过程中驱动电机控制器使用电流传感器、电压传感器、温度传感器、旋变传感器采集驱动电机运行状态信息,在控制驱动电机的同时,还会对驱动电机、旋变传感器,以及自身控制模块进行实时自检。

19. 驱动电机控制器通过采集电流、电压、温度、绝缘及其他参数判断驱动电机和电机控制器是否工作在安全范围内,如果超出这个范围,将对电机和电机控制器采取保护措施,并产生故障代码发送至整车控制器。

20. 旋变传感器,又叫旋转变压器型位置传感器,是一种输出电压随转子转角变化的信号元件。根据旋转变压器型位置传感器信号,电机控制器监测驱动电机转子的角位置、转速和方向。

21. 旋变传感器线圈固定在壳体上,信号齿圈固定在转子上。传感器线圈由励磁、正弦、余弦三组线圈组成。当励磁绕组以一定频率的交流电压励磁时,输出绕组的电压幅值与转子转角成正、余弦函数关系,这种旋变传感器又称为正余弦旋变传感器。旋变传感器用于运动伺服控制系统中,作为角度位置的显示和测量用。

22. 由于驱动电机或发电机使用三相交流电运行,且 IGBT 通常会对应控制驱动电机或发电机的其中一个相,各相分别标识为 U、V、W。控制器通过监测连接到各驱动电机或发电机相的电流传感器,以便检测逆变器是否存在电流过大故障。如果 U、V、W 相电流传感器的相电流总量大致相同,则计算结果应接近零。如果 U、V、W 相电流相差较大,则会认为是故障。

23. 大多数电流传感器是驱动电机控制器总成内部的一部分,无法单独维修。

24. 在大多数的电机控制器模块内部会设置有温度传感器,用于检测连接电机电缆的温度,以及模块自身集成电路的温度。温度传感器是一个热敏电阻,它的电阻值随温度而改变,具有负温度系数。

25. 当车辆在滑行或制动的时候,整车控制器检测到满足起动能量回收的条件时,则发出能量回收指令,IGBT 模块输出为 0,驱动电机停止工作,驱动车轮通过传动系统使电机转子旋转,此时电动机就成了发电机,输出三相正弦交流电,通过 IGBT 模块转换成直流电向动力蓄电池充电。

26. 开启能量回收条件如下:
(1)加速踏板开度为 0 或制动;
(2)动力蓄电池电量<95%;
(3)动力蓄电池温度<45℃;
(4)各系统无故障。

27. 驱动电机管理系统运行时必须注意以下事项:
(1)驱动电机系统上电顺序要求。在给驱动电机控制器上高压电源之前,必须先将低压控制电源接通。断电时,先断开高压电源,再断开低压控制电源。

(2)驱动电机控制器不能应用在与标称电压不符的电源上,这时控制器或者不能正常工作,或者会被烧毁。

(3)驱动电机控制器只能与车用动力蓄电池组配套使用,不要使用整流电源。

(4)故障出现在电机及控制器的任何地方都有可能导致重大的设备损坏,甚至是严重的人身伤害(即存在潜在的危险故障),因此,还必须采取附加的外部预防措施(如主继电器)用于确保安全运行,即使在故障出现时也应如此。

(5)对动力蓄电池组进行充电时,应将驱动电机控制器断开。

(6)车辆停止使用或长期驻车时,须将高、低压电源断开。

(7)具备能量回收功能的新能源汽车出现故障,被拖车拖走维修时必须保证该车辆挡位处于空挡位置,并将驱动电机轴与变速器输入轴的连接脱离,避免电机高压发电造成系统损坏以及安全事故。

28.驱动电机控制器的故障症状表现为:

(1)驱动电机控制系统存在故障时,会导致电机不能正常运转,使车辆失去动力。

(2)位于车辆仪表内动力系统故障指示灯将点亮。

(3)如果仅电机温度指示灯点亮,说明电机的温度过高,系统将降低电机的功率输出。

29.驱动电机控制系统的主要故障集中在3个方面:控制器模块本身的故障;旋变传感器故障;电源和搭铁不良。

30.驱动电机控制器电源与搭铁的诊断方法:

(1)拔下电机控制器连接器。

(2)测量线束端连接器各端子间电阻或电压值。

(3)对照维修手册中连接器端子的正常值,如果不符合则更换相应的组件。

31.驱动电机控制器与电机低压端子线束电阻检查方法:用诊断仪检查电机控制器和电机,然后对照维修手册中连接器端子的正常值,如果不符合则更换相应的组件。

32.驱动电机控制器与电机输出相位的检查:测量电机控制器高压正负极输入端与控制器向动力电机输出端的电压值,电压数值正常值在0.3V左右。

33.检测驱动电机控制器到旋变传感器之间的线路连接,步骤如下:

(1)关闭点火开关至OFF挡。

(2)断开辅助蓄电池负极。

(3)断开电机旋变传感器连接器。

(4)断开驱动电机控制器连接器。

(5)安装辅助蓄电池负极。

(6)打开点火开关。

(7)将万用表负极线夹固定在搭铁处。

(8)打开万用表,调至电阻挡,用万用表正极端子针搭铁,检查搭铁是否良好。

(9)将万用表旋至直流电压挡。

(10)将正极端子针插入旋变传感器1号端子到6号端子,检测它们的对搭铁电压是否符合规定。

34. 检测电机控制器插接器端子与旋变传感器连接器端子之间线束及连接器导通情况,步骤如下:

(1) 将万用表旋至蜂鸣挡。

(2) 分别将万用表负极端子插入旋变传感器连接器端子1号针脚至6号针脚,同时将万用表正极端子插入电机控制器连接器对应端子,测量其导通。

(3) 关闭万用表。

35. 测量电机控制器连接器端子搭铁电阻,步骤如下:

(1) 将万用表负极线夹固定在搭铁处。

(2) 打开万用表,调至电阻挡。用万用表正极端子针脚搭铁,检查搭铁是否良好。

(3) 分别将正极端子插入电机控制器插接器端子的第3行第2号针脚、第2行第1号针脚、第1行第1号针脚、第3行第1号针脚、第2行第2号针脚、第1行第2号针脚,测量其是否搭铁短路。

36. 驱动电机旋变传感器检测,步骤如下:

(1) 将万用表旋至电阻挡,校准万用表。

(2) 分别测量驱动电机旋变传感器的1号脚和4号脚、2号脚和5号脚、3号脚和6号脚之间的电阻值。

(3) 关闭万用表。

(4) 将驱动电机控制器低压插件安装回原位。

(5) 将旋变传感器安装回原位。

(6) 将辅助蓄电池负极安装到位紧固螺栓。

37. 驱动电机旋变传感器的波形检测操作步骤如下:

(1) 连接示波器。将数据传输线连接到仪器的端口上,将负极搭铁线连接在探针头部的插孔内,并将探针和被检测元件的延长线连接。

(2) 将延长线插入被检测旋变传感器的端子后部。

(3) 插好旋变传感器连接器,示波器搭铁线搭铁。

(4) 起动点火开关,按下示波器电源键,打开示波器。此时示波器可能出现杂波,属于正常现象。

(5) 将探针和旋变传感器端子延长线连接,观察示波器上的波形。此时为车辆无负载时的旋变传感器波形。

(6) 车辆加速,观察示波器上波形随着电机转速变化而发生变化的情况。

(7) 检测完毕,将仪器及工具归位。

38. 当检测欠电压保护故障(或过电压保护故障)时,应检查动力蓄电池电量是否大于10%,否则应充电。

39. 在驱动电机控制器的维护中应注意:

(1) 驱动电机控制器的检查应在断电的情况下进行,至少每3个月1次。

(2) 驱动电机控制器的各项功能出厂时已经调好,检查时不应自行拆开和调整。

(3) 插接器接线不得调整。

(4) 断开维修开关后,驱动电机控制器内的超级电容器要保持几分钟的放电时间。

(5)经常清洁控制器外表的灰尘和杂物,但切忌用水冲洗电气器件、中央控制盒和插接器,可以用刷子或高压气体吹拂去尘。

第四节 驱动电机系统性能检测

(15~16条适用于检测维修工程师,其他适用于检测维修士)

1. 驱动电机通常都有以下定量参数:
(1)电量参数:电压、电流、功率、频率、相位、阻抗、介电强度、谐波。
(2)非电量参数:转速、转矩、温度、噪声、振动。

2. 通常使用功率分析仪(或功率计)即可满足电机所有基本电量参数的测量需求。

3. 功率分析仪实际上是电压表、电流表、功率表和频率表的有机融合,它实现了高精度的电压、电流、频率、相位实时采集,并实时运算出功率结果,可以为使用者提供精准的电机电量参数测试结果,且不同参数之间的采集在时基上是同步的。

4. 电机性能的测量参数有负载特性测试、T-N 曲线、耐久测试、空载测试、堵转测试、起动电流。

5. 电机负载特性测试的目的是:确定电机的效率、功率因数、转速、定子电流等。

6. 电机负载特性测试的方法是:用伺服电机给被测电机加载,从 150% 额定负载逐步降低到 25% 额定负载,在此间至少选取 6 个测试点(必包含 100% 额定负载点),测取其电压、电流、功率、转矩、转速等参数并进行计算。

7. 电机 T-N 曲线,又叫电机特性曲线,是用来描绘电机的转速、转矩关系特性曲线。T 代表转矩(Torque),N 代表转速(Rotational Speed)的符号。

8. 电机 T-N 曲线的测试方法:通过控制被测电机的转速,测量从 0 转速到最高转速下,在不同转速点能输出的最大转矩,绘制出其关系曲线。

9. 永磁同步电机的运行特性主要包括机械特性和工作特性。

10. 永磁同步电机的机械特性。永磁同步电机稳态正常运行时,定子磁场转速与电机转速始终保持同步不变,因此,其机械特性为平行于横轴的直线,调节电源频率来调节电机转速时,转速将严格地与频率成正比变化。

11. 永磁同步电机的工作特性是指当电源电压恒定时,电机的输入功率、电枢电流、效率、功率因数等随输出功率变化的关系。在正常工作范围内,永磁同步电机的功率因数比较平稳,效率特性也能保持较高的水平。电机的输入功率和电枢电流近似与输出功率成正比。

12. 驱动电机性能检测方法包括:测量定子绕组的冷态直流电阻、空载实验。

13. 冷态直流电阻测试。将电机在室内放置一段时间,用温度计测量电机绕组端部或铁芯的温度。当所测温度与冷却介质温度之差不超过 2K 时,即为实际冷态。记录此时的温度和测量定子绕组的直流电阻值,此阻值即为冷态直流电阻值。

14.测量定子绕组的冷态直流电阻的具体实现方法有:伏安法、电桥法等。在实际应用场合,可以使用万用表来进行伏安法的测试。

15.驱动电机定子绕组的测量步骤:

(1)拆下维修开关,等待5min。

(2)拆下逆变器固定螺栓,轻轻取出逆变器盖板。

(3)将万用表旋至电阻挡,校正万用表。

(4)将万用表挡位旋至交流电压挡,测量U、V、W三相线束端子间电压。注意:在进行电压测量时必须佩戴绝缘手套,并且一定要确保测量每个端子间的电压,确保每组电压值为0或者3V以下才可以继续拆卸。

(5)测量U、V、W三相线束端子与搭铁之间的电压。

(6)将万用表旋至直流电压挡,测量高压线束端子之间的电压,测量高压线束端子与搭铁之间的电压。

(7)拆下驱动电机线束固定螺栓,并抽出3根电机线束。

(8)使用万用表电阻挡,测量U、V、W三相线束端子间的电阻值。测出的电阻值应相等或稍有偏差,若三相电阻差别较大则说明电机可能有匝间短路。

(9)校正万用表,将黑表笔与驱动电机壳体连接,将红表笔与车身搭铁点连接,观察万用表数值变化,测试壳体连通性。

(10)将红表笔分别与U、V、W三相线束连接,测试每一相和壳体之间的电阻数值,数值应不显示或为无限大,否则是对搭铁短路。

16.驱动电机绝缘检测方法如下:

(1)检查三相线的外观是否有破损,线路固定是否牢固,有无运动干涉,线路布局是否正常,走向是否合理。

(2)利用兆欧表或万用表检查驱动电机的绝缘性能。检查时,分别检查每一相和壳体之间的绝缘阻值,三相之间的绝缘阻值,正常情况下,每一相与壳体之间,相与相之间,检查的绝缘阻值应该大于10MΩ。

17.驱动电机起动性能检查要求:检查驱动电机的加、减速性能,应加速性能良好;检查驱动电机的上、下电功能,应有效、及时。

18.驱动电机运转情况检查要求:对驱动电机进行加速,电机在低速、中速、高速运转时,应运行顺畅、平稳,加速和减速时电机无异响。

第五节 驱动电机冷却系统原理与维修

(41~46条适用于检测维修工程师,其他适用于检测维修士)

1.驱动电机在进行能量转换时,总是有一小部分损耗转变成热量,它必须通过驱动电机外壳和周围介质不断将热量散发出去,这个散发热量的过程,我们就称为冷却。驱动电机主要冷却方式有自然冷却、风冷和水冷。

2. 自然冷却依靠驱动电机铁芯自身的热传递,散去电机产生的热量,热量通过封闭的机壳表面传递给周围介质,其散热面积为机壳的表面,为增加散热面积,机壳表面可加冷却筋。

3. 自然冷却具有结构简单,不需要辅助设施就能实现,但自然冷却效率差,仅适用于转速低、负载转矩小、电机发热量较小的小型驱动电机。

4. 风冷散热是以空气为冷却介质的冷却系统,可分为利用汽车行驶时与空气相对运动所产生的风进行散热和强制风扇散热两种形式。

5. 强制风扇散热是驱动电机自带同轴风扇来形成内风路循环或外风路循环,通过风扇产生足够的风量,带走驱动电机所产生的热量。介质为驱动电机周围的空气,空气直接送入驱动电机内,吸收热量后向周围环境排出。

6. 风冷具有冷却效果好;可使用风冷却器,采用循环空气冷却器避免腐蚀物和磨粒,有利于提高驱动电机的使用寿命;结构相对简单,驱动电机冷却成本较低。风冷适用于一般清洁、无腐蚀、无爆炸环境下的驱动电机。

7. 水冷是将水通过管道和通路引入定子或转子空心导体内部,通过循环水不断的流动,带走驱动电机转子和定子产生的热量,达到对驱动电机的冷却功能。

8. 水冷的冷却效果比风冷更显著,无热量散发到环境中。但是,需要良好的机械密封装置,水循环系统结构复杂,存在渗漏隐患,如果发生水渗漏,会造成驱动电机绝缘破坏,可能烧毁电动机;水质需要处理,其电导率、硬度和pH值都有一定的要求。

9. 水冷主要应用于大型机组和高温、粉尘、污垢等恶劣的无法使用自然冷却、风冷型电机的场合,如纺织、冶金、造纸等行业使用的电动机。

10. 新能源汽车驱动电机与控制器的冷却系统主要依靠冷却水泵带动冷却液在冷却管道中循环流动,通过在散热器的热交换等物理过程,冷却液带走电机与控制器产生的热量。为使散热器热量散发更充分,通常还在散热器后方设置风扇。

11. 采用水冷的冷却系统主要由电动水泵、散热器、膨胀罐、冷却散热循环管路及冷却液,冷却液温度传感器、电子风扇总成等组成。

12. 散热器是新能源汽车冷却系统的一部分,在冷却系统中起到储水和提供冷却液散热场所的作用。散热器实质上是一个热交换器。根据散热器的结构形式可分为直流式和横流式两类。

13. 散热器主要由左储水室、右储水室、散热器片、散热器芯,进水管接口、出水管接口、放水螺栓以及溢流管接口等部件组成。

14. 汽车膨胀罐主要的作用就是当冷却液温度升高,冷却液体积发生膨胀,散热器里膨胀的冷却液会回流到膨胀罐,防止散热器压力过高,相反当散热器里的冷却液不足时则补充散热器水位。

15. 膨胀罐箱体使用厚度3.5mm的聚乙烯或聚丙烯材料设计,采用注塑生产工艺制成。一般选用白色或者淡黄色等浅色系,并且在膨胀罐外部压制"MAX"和"MIN"刻度标示,便于观察冷却液液位,同时也作为冷却液加注口。

16. 电动水泵的功能主要是对冷却液进行加压,保证其在冷却系统中能够不间断的循环流动。水泵是整个冷却系统唯一的动力元件,负责为冷却液的循环提供机械能。新能源汽车的水泵驱动方式为电机驱动。

17. 电动水泵主要由电机壳体、电刷架、电刷、转子、永久磁铁、水泵底盖、叶轮、外壳组成。工作时电动水泵的电机带动叶轮旋转时,水泵中的冷却液在离心力作用下被甩到叶轮外缘,叶轮外缘压力升高,冷却液从出水口甩出。

18. 新能源汽车的封闭式水循环通道一般采用橡胶软管与内部水道相连接的形式。

19. 电子风扇置于散热器的后面,电子风扇的作用是提高流经散热器、冷凝器的空气流速和流量,以增强散热器的散热能力,加速冷却液的冷却,并冷却机舱其他附件,保证驱动电机控制器及驱动电机始终能在最适宜的温度下正常工作。

20. 风扇采用双风扇,高低速的控制模式,通过两个不同的电机驱动扇叶。冷却风扇由整车控制器利用冷却风扇低速继电器和冷却风扇高速继电器直接控制,在低速继电器电路中,采用串联高速电阻的方式来改变风扇的转速。驱动电机和电机控制器的温度都会影响电动风扇的转速。但是风扇转速与驱动电机自身的运转速度无关。

21. 电动风扇组件主要是由冷却风扇、导热罩和电动机等部件组成。

22. 驱动电机控制器的冷却方式是在控制器的底部加装循环散热板,与控制器中的主要功率模块通过导热而绝缘的绝缘层进行连接,而循环散热板内部则分布有水套。

23. 冷却液温度传感器又称为水温传感器,安装在冷却水道或者冷却系统元件上,传感器直接与冷却液接触。冷却液温度传感器一般为负温度系数电阻计,即随着温度的升高,其电阻值下降。

24. 冷却液温度传感器的工作原理:主控器通过传感器电阻的变化后测量其电压值,并推算出冷却液温度。水温传感器的两根导线都与控制单元相连接。其中一根为地线,另一根的对地电压随热敏电阻阻值的变化而变化。

25. 冷却液温度传感器一般安装在散热器右侧前部,内含一个封装的负温度系数热敏电阻。

26. 冷却液温度信号由驱动电机控制器通过CAN总线到显示冷却液温度的组合仪表。该组合仪表上会实时显示冷却液的温度,如果冷却液温度变得过高,则组合仪表上的警示灯将提醒驾驶人。

27. 冷却系统控制策略:驾驶员按下起动开关后,整车控制器控制水泵工作,水泵涡轮开始旋转,强制循环冷却系统中的冷却液进行散热。冷却系统的温度是由冷却液温度传感器来测量的。冷却液经过软管流入散热器内,冷却液温度传感器向整车控制器发送信号,根据冷却液温度的高低控制冷却风扇的转速。冷却液温度信号由控制器经过CAN总线传送冷却液温度信号到组合仪表。组合仪表上就会实时显示冷却液的温度,如果冷却液温度变得过高,则组合仪表上的警示灯会提醒驾驶人。

28. 冷却系统的增压有极限,因此膨胀罐盖上安装了卸压阀,膨胀罐盖的开启压力因车型而定。

29. 驱动电机与控制器对冷却风扇采用脉冲调制,又称占空比控制。

30. 冷却风扇受VCU控制,冷却风扇工作时,VCU通过CAN系统接收来自空调控制模块的信号,控制PWM模块使冷却风扇在20%~90%的占空比范围内用8个挡位的速度工作,以满足不同的冷却负荷要求。

31. 当 A/C 开启或冷却液温度高于 52℃ 时,冷却液风扇开始工作。如果冷却液温度低于 65℃,并且空调 A/C 关闭,冷却风扇停止工作。点火开关关闭,A/C 关闭,冷却液温度高于 65℃,冷却风扇继续工作,如果环境温度低于 10℃,冷却风扇会工作 30s,环境温度高于 10℃,冷却风扇会工作 60s。

32. 混合动力汽车的冷却系统由发动机冷却系统和驱动电机冷却系统组成。驱动电机与控制器冷却系统采用独立的冷却系统,是通过单独的电动冷却液泵驱动冷却液实现独立的循环系统。它由散热器、电子风扇、水管、水壶、电机水套、电机控制器、冷却液泵(安装在水箱立柱上的电动冷却液泵)组成。

33. 电动水泵是冷却液循环的动力元件,其作用是对冷却液加压,促使冷却液在冷却系统中循环,带走系统散发的热量。

34. 电动水泵采用的是永磁无刷直流冷却液泵,整个部件中没有动密封,浮动式转子与叶轮注塑成一体。

35. 严禁电动水泵在没有冷却液的情况下空载运行,否则将导致转子、定子的磨损,将最终导致水泵的损坏。

36. 电动水泵一般安装在车身右纵梁前部下方,位于整个冷却系统较低的位置。

37. 电子风扇由整车电源提供输入,根据电机、控制器、空调压力等参数由 VCU 控制电子风扇运行,电子风扇采用两挡调速风扇。

38. 新能源汽车电机温度控制策略:当控制器监测到驱动电机温度为 45~50℃ 时,冷却风扇低速起动;温度≥50℃ 时,冷却风扇高速起动;温度降至 40℃ 时冷却风扇停止工作;120℃≤温度<140℃ 时,降功率运行;温度≥140℃ 时,降功率至 0,即停机。

39. 新能源汽车电机控制器温度控制:当控制器监测到散热基板温度≥75℃ 时,冷却风扇低速起动。温度≥80℃ 时,冷却风扇高速起动;温度降至 75℃ 时冷却风扇停止工作。温度≥85℃ 时,超温保护,即停机。当控制器监测到散热基板温度为 75~85℃ 时,降功率运行。

40. 驱动电机冷却液泵在安装或拆卸过程中,冷却液必须回收,不得随意遗弃,工作过程中应防止冷却液进入或飞溅到高压部件。

41. 驱动电机与控制器常见过热故障及部位包括:冷却液缺少、冷却液泄漏;电动水泵、散热器、散热器风扇、前保险杠中网或下格栅。

42. 发生冷却液泄漏的故障原因有:
(1)环箍破坏,水管接口处冷却液泄漏;
(2)水管破损,水管内冷却液泄漏;
(3)散热器芯体损坏,芯体处渗漏冷却液;
(4)散热器水室开裂,水室外侧泄漏冷却液;
(5)散热器水室与散热器芯体压装不良,接缝处渗漏冷却液;
(6)散热器放水孔密封垫丢失,放水孔渗漏冷却液。

43. 检查驱动电机冷却液。在驱动电机冷却状态下,查看透明的冷却液膨胀罐,如果驱动电机冷却液过脏,应排放、冲洗冷却系统并重新加注新的冷却液。保持适当的驱动电机冷却液浓度,以保证正确的防冻、防沸、防腐性能及驱动电机运行温度。

44. 检查冷却系统软管,更换开裂、膨胀或老化的软管。紧固卡箍,清洁散热器和空调系统冷凝器外部,清洗加注口盖和加注口管颈。对冷却系统和膨胀罐盖进行压力测试,以便确保系统运行正常。

45. 散热器及管路密封性检查要求:
(1) 检查散热器及进出水管管路固定可靠,无变形、堵塞及渗漏。
(2) 散热器盖接合表面良好,胶垫不老化。
(3) 散热器表面无杂物,散热片无破损,通风正常。

46. 冷却液循环工作性能检查要求:冷却液循环系统工作正常,不漏冷却液、无异响。

47. 冷却液的液位检查:将车辆停驻在水平路面上,打开前机舱盖,待电机冷却后,观察膨胀罐,冷却液液位应位于上限标记(MAX)与下限标记(MIN)之间。如液位偏低,须添加冷却液。

48. 冷却液的添加步骤:
(1) 若驱动电机处于热态,关闭驱动系统并等待其冷却。
(2) 为防止烫伤用一块厚布包住膨胀罐盖,然后慢慢拧下膨胀罐盖。
(3) 添加新冷却液。加注后冷却液液位必须处在标记范围内,至少高于"MIN"标记。
(4) 装上并拧紧膨胀罐罐盖。

第六节 驱动电机系统的拆装

(本节适用于检测维修士)

1. 在安装和拆卸驱动电机的过程中,应防止制动液、冷却液等液体进入或飞溅到高压部件上。

2. 溢出的蒸汽或冷却液会造成诸如烫伤之类的伤害,所以当冷却系统还热时,不要打开膨胀罐盖。

3. 正常情况下,在钥匙开关关闭后,以及在拆除维修开关后,高压系统还存在高压电,这是因为电机控制器中高压电容的存在造成的,需要经过一段时间的等待,超级电容中的电荷才能被完全释放。

4. 拆卸驱动电机控制器的步骤:
(1) 点火开关置 OFF 挡,拔掉维修开关,等待 5min 以上。
(2) 断开辅助蓄电池,拆掉配电盒。
(3) 拆掉驱动电机三相线插接器的固定螺栓。
(4) 拔掉高压母线插接器。
(5) 拆掉附在箱体上的配电盒上端螺栓。
(6) 拆掉底座的紧固螺栓。
(7) 将控制器往左移,拔掉低压插接器,拆掉搭铁螺栓,拔掉 DC/DC 转换器低压输出线,拔掉低压线束卡扣。

(8)将控制器往右移,拆掉进水管(注意:拆掉进水管时将流出的冷却液用容器回收),拆掉出水管。

5.安装驱动电机控制器的步骤:

(1)将驱动电机控制器放进安装位置。

(2)将控制器往右边移动,安装进水管、出水管。

(3)安装底座固定螺栓(先对准左上方螺栓,将螺栓放进去,拧进1/3,再对准右下方螺栓,将螺栓拧进1/3,之后放进其他螺栓,将所有螺栓拧紧,拧紧力矩为22N·m)。

(4)卡上DC低压输出线卡扣,插上DC低压插接器;卡上线束卡扣;安装搭铁螺栓(拧紧力矩为22N·m);插上插接器。

(5)安装贴在箱体侧面的配电盒螺栓。

(6)插上高压母线插接器。

(7)安装电机三相线插接器(先装最靠近车头下方螺栓,拧进1/3;再装其对角螺栓,拧进1/3;之后安装其他螺栓;将所有螺栓拧紧,拧紧力矩为9N·m)。

6.驱动电机拆卸程序:

(1)打开前机舱盖,断开辅助蓄电池负极电缆。

(2)断开车载充电机处高压母线。

(3)回收空调制冷剂。

(4)拆卸左、右前轮,拆卸舱底部护板总成。

(5)依次拆卸车载充电机、电机控制器、制冷空调管、驱动轴、电动压缩机、电动真空泵、冷却水泵。

(6)断开控制器和减速器的插接器,拆卸线束卡扣。

(7)断开驱动电机线束插接器,拆卸线束卡扣。

(8)拆卸线束搭铁线。

(9)拆卸电机进、出水管环箍,脱开电机冷却水管。

(10)拆卸后悬架。

(11)放置举升平台车后,拆卸动力总成的固定螺母,然后缓慢下降举升平台车。

(12)拆卸驱动电机及减速器总成之间的连接螺栓,将驱动电机和减速器分离。

7.驱动电机安装程序:

(1)将驱动电机和减速器组装在一起,紧固驱动电机及减速器连接螺栓(力矩:23N·m)。

(2)将动力总成放置在举升平台车上,缓慢上升举升平台车。

(3)紧固动力总成的固定螺母(力矩:80N·m)。

(4)连接驱动电机进、出水管。

(5)安装线束搭铁线(力矩:9N·m)。

(6)连接驱动电机线束连接器,安装线束卡扣。

(7)连接控制器线束插接器和减速器+驱动电动机线束插接器,安装线束卡扣。

(8)依次安装后悬架、电动压缩机、冷却水泵、制动真空泵、制冷空调管。

(9)加注减速器润滑油。

(10)安装机舱底部护板后,安装左、右前轮。

(11)连接车载充电机处高压母线。
(12)加注冷却液。
(13)连接辅助蓄电池负极电缆。
(14)加注空调制冷剂。
(15)关闭前机舱盖。

8. 电动水泵(电机)拆卸程序:
(1)打开前机舱盖,断开辅助蓄电池负极电缆。
(2)断开电动水泵线束连接器。
(3)拆卸环箍,脱开散热器出水管(电水泵侧)和电机控制器总成进水管(电动水泵侧)。
(4)拆卸电动水泵螺栓。

9. 电动水泵(电机)安装程序:
(1)放置电动水泵,安装电动水泵螺栓(力矩9N·m)。
(2)安装电动水泵线束连接器。
(3)安装环箍,连接散热器出水管(电水泵侧)和电机控制器总成进水管(电动水泵侧)。
注意环箍装配位置应该与管路标示线对齐。
(4)加注冷却液。
(5)连接辅助蓄电池负极电缆,关闭前机舱盖。

10. 冷却风扇总成拆卸程序:
(1)打开前机舱盖,断开辅助蓄电池负极电缆。
(2)拆卸前保险杠上饰板和冷凝器空调管。
(3)断开冷却风扇的线束连接器,线束固定卡扣。
(4)拆卸冷却风扇固定螺栓,脱开高压线束卡扣。
(5)拆卸冷却风扇固定螺栓,向上取出冷却风扇。

11. 冷却风扇总成安装程序:
(1)放置冷却风扇,向下插好冷却风扇下定位脚。
(2)紧固冷却风扇固定螺栓(力矩:9N·m)。
(3)安装冷却风扇固定螺栓,连接高压线束卡扣。
(4)连接冷却风扇线束连接器,固定好线束固定卡扣。
(5)安装前保险杠上饰板和冷凝器空调管。
(6)连接辅助蓄电池负极电缆,关闭前机舱盖。

12. 散热器总成拆卸程序:
(1)打开前机舱盖,断开辅助蓄电池负极电缆,拆卸前保险杠上饰板。
(2)断开散热器进水管和出水管。水管脱开前应在车辆底部放置容器,回收冷却液,以免污染地面。
(3)拆卸冷却风扇总成与散热器固定螺栓。
(4)小心取下散热器,注意避免磕碰。

13. 散热器总成安装程序:
(1)安装冷却风扇总成与散热器固定螺栓。

(2)连接散热器进水管和出水管(力矩:9N·m)。
(3)安装前保险杠上饰板。
(4)加注冷却液。
(5)连接辅助蓄电池负极电缆,关闭前机舱盖。

14. 散热器出水管拆卸程序:
(1)打开前机舱盖,拆卸机舱底部护板总成。
(2)断开散热器出水管,及热交换器与散热器连接水管。
(3)断开水泵与散热器水管,取下出水管。

15. 散热器出水管安装程序:
(1)安装散热器出水管,连接散热器水管。
(2)连接热交换器与散热器连接水管。
(3)连接散热器出水管。
(4)加注冷却液。
(5)安装机舱底部护板总成,关闭前机舱盖。

16. 散热器进水管拆卸程序:
(1)打开前机舱盖,拆卸机舱底部护板总成。
(2)拆卸散热器进水管环箍,脱开散热器进水管,取出散热器进水管。

17. 散热器进水管安装程序:
(1)放置散热器进水管,环箍装配装置与管路标示线对齐,连接散热器进水管。
(2)在连接好的散热器进水管上安装环箍。
(3)加注冷却液。
(4)安装机舱底部护板总成,关闭前机舱盖。

18. 散热器通气软管拆卸程序:
(1)打开前机舱盖。
(2)拆卸通气软管的卡箍,脱开散热器通气软管。
(3)取下散热器通气软管。

19. 散热器通气软管安装程序:
(1)连接散热器通气软管,将卡箍装配位置与管路标示线对齐,安装卡箍。
(2)加注冷却液。
(3)关闭前机舱盖。

20. 驱动电机控制器总成进出水管拆卸程序:
(1)打开前机舱盖,排放驱动电机系统冷却液。
(2)松开驱动电机控制器总成进出水管的卡扣,脱开驱动电机控制器总成进出水管。
(3)拆卸进水管环箍,脱开驱动电机控制器总成进水管(电动水泵侧)。
(4)脱开水管固定支架,取下驱动电机控制器总成进水管。

21. 驱动电机控制器总成进出水管安装程序:
(1)放置驱动电机控制器总成进水管,卡入水管固定支架。
(2)连接驱动电机控制器总成进水管(电动水泵侧),将环箍装配位置与管路标示线对齐,安装环箍。

(3)安装水管固定支架,连接驱动电机控制器总成进水管(驱动电机控制器侧)。

(4)加注冷却液。

(5)关闭前机舱盖。

22.膨胀罐拆卸程序:

(1)打开前机舱盖。

(2)待冷却液温度降低时,打开膨胀罐盖,释放冷却系统压力。

(3)拆卸膨胀罐各管道环箍,脱开膨胀罐侧的散热器通气软件、加水软管、暖风出水管。

(4)拆卸膨胀罐前后安装螺栓,取下膨胀罐。

23.膨胀罐安装程序:

(1)放置膨胀罐,紧固膨胀罐前后安装螺栓(力矩:9N·m)。

(2)连接膨胀罐侧的散热器通气软件、加水软管、暖风出水管,并安装环箍。

(3)加注冷却液。

(4)关闭前机舱盖。

24.加水软管的拆卸程序:

(1)打开前机舱盖。

(2)待冷却液温度降低时,拆卸加水软管环箍,脱开膨胀罐侧的加水软管。

(3)取下加水软管。

25.加水软管的安装程序:

(1)放置加水软管,连接水泵侧的加水软管,安装环箍。

(2)连接膨胀罐侧的加水软管,安装环箍。

(3)加注冷却液。

(4)关闭前机舱盖。

第七节 驱动电机系统故障诊断与维修

(本节适用于检测维修工程师)

1.驱动电机系统的故障主要有驱动电机本体故障和驱动电机控制器故障两种。

2.驱动电机本体故障模式:

(1)损坏型故障模式:鼠笼断条、轴承磨损、端环开裂、定子绕组短路或断路。

(2)退化型故障模式:永磁体退磁、定子绕组绝缘老化。

(3)松脱型故障模式:定子铁芯松动、传感器插接器松动。

(4)失调型故障模式:转子偏心。

(5)阻漏型故障模式:冷却液管路堵塞不畅、冷却液管路渗漏。

(6)其他型故障模式:噪声或振动。

3. 驱动电机控制器故障模式:

(1)损坏型故障模式:预充电电阻断路、继电器断路、功率器件短路或断路、母线电容器短路或断路。

(2)松脱型故障模式:插接器松动。

(3)失调型故障模式:驱动电机控制器过流或过载、高压供电过压或欠压、低压供电过压或欠压、驱动电机控制器过热。

(4)阻漏型故障模式:冷却液管路堵塞不畅、冷却液管路渗漏。

(5)功能型故障模式:驱动电机控制器过热。

4. 驱动电机故障涉及因素较多,如电路系统、磁路系统、绝缘系统、机械系统以及通风散热系统等。任何一个系统工作不良或其相互之间配合不好均会导致驱动电机系统出现故障。此外,驱动电机的运行还与其负载情况、环境因素有关。驱动电机在不同的状态下运行,表现出的故障状态各不相同,这进一步增加了驱动电机故障诊断难度。

5. 驱动电机的故障可分为机械故障和电气故障。

6. 驱动电机在机械方面的主要故障有定子铁芯损坏、转子铁芯损坏、轴承损坏和转轴损坏,其故障原因有振动、润滑不充分、转速过高、静载过大或过热而引起的磨损、压痕、腐蚀、电蚀和开裂等。

7. 驱动电机在电气方面的故障则主要是定子绕组故障和转子绕组故障,故障原因有电机绕组搭铁、短路、断路、接触不良和笼型转子导条断条等。

8. 驱动电机在空载时不能起动的故障原因及排除方法见表2-2-1。

驱动电机在空载时不能起动的故障原因及排除方法　　　　表2-2-1

故障原因	排除方法
电源未接通	检查开关、继电器触点及驱动电机引出线头,查出后修复
逆变器控制原因	检查逆变器
定子绕组故障(断路、短路、搭铁和连接错误等)	检查定子绕组,找出故障并修复
电源电压太低	检查电源电压和每个连接处

9. 驱动电机通电后,驱动电机不起动,"嗡嗡"响的故障原因及排除方法见表2-2-2。

驱动电机通电后,驱动电机不起动,"嗡嗡"响的故障原因及排除方法　　　　表2-2-2

故障原因	排除方法
定子、转子绕组断路	查明断路点进行修复
绕组引出线始、末端接错或绕组内部接反	定子绕组中通入直流电,检查绕组极性(用指南针):判定绕组始、末端是否连接正确
驱动电机负载过大或被卡住	先停车检查设备,减轻负载或解除机械锁止后再起动驱动电机
电源未能全部接通	紧固接线柱松动的螺钉,用万用表检查电源线某相是否存在断线或假接故障,然后修复

10. 定子过热的故障原因及排除方法见表2-2-3。

定子过热的故障原因及排除方法　　　　　　　　　　　表2-2-3

故 障 原 因	排 除 方 法
输电线一相断线或定子绕组一相断路,造成走单相	检查开关、继电器触点及电机引出线头,查出后修复; 检查定子绕组是否有搭铁、短路、断路等故障,给予排除
负载过大	减少电机负载或增加输入能量
绕组匝数不对	检查绕组电阻
驱动电机冷却不良	检查冷却系统故障,给予排除

11. 绝缘电阻低的故障原因及排除方法见表2-2-4。

绝缘电阻低的故障原因及排除方法　　　　　　　　　　表2-2-4

故 障 原 因	排 除 方 法
绕组受潮或被水淋湿	进行加热烘干处理
绕组绝缘粘满粉尘、油垢	清洗绕组油垢,并经干燥、浸漆处理
引出线绝缘老化破裂	重包引线绝缘
绕组绝缘老化	经鉴定可以继续使用时,可将绝缘部分清理干净,重新涂漆处理; 如果绝缘老化,不能安全运行时,需要更换绝缘材料

12. 驱动电机振动的故障原因及排除方法见表2-2-5。

驱动电机振动的故障原因及排除方法　　　　　　　　　表2-2-5

故 障 原 因	排 除 方 法
轴承磨损,间隙不合格	检查轴承间隙,确认是否符合设计要求
气隙不均匀	调整气隙
转子不平衡	重新校对平衡
笼型转子导条断条	更换转子
定子绕组故障(短路、断路、搭铁和连接错误等)	查出绕组故障点并进行处理
转轴弯曲	校直转轴
铁芯变形或松动	校正铁芯,或重新叠装铁芯

13. 驱动电机空载运行时空载电流不平衡,且相差大,电机的故障原因及排除方法见表2-2-6。

空载运行时空载电流不平衡、相差大故障原因及排除方法　　表2-2-6

故 障 原 因	排 除 方 法
绕组首末端接错	查明首末端,改正后再起动驱动电机试验
电源电压不平衡	测量电源电压,找出原因消除
绕组有故障(如匝间短路、某线圈组接反等)	拆开驱动电机,检查绕组极性和故障,并改正和消除故障

14. 驱动电机运行时有杂声、不正常故障原因及排除方法见表2-2-7。

驱动电机运行时有杂声、不正常故障原因及排除方法　　　　表2-2-7

故　障　原　因	排　除　方　法
轴承磨损,有故障	检修并更换轴承
定子、转子铁芯松动	检查振动原因,重新压装铁芯
电压不平衡	测量电源电压,检查电压不平衡原因并处理
绕组有故障(如短路、接错等)	检查绕组故障并处理
轴承缺少润滑脂	清洗轴承,添加规定量的润滑脂
气隙不均匀,定子、转子相摩擦	调整气隙,提高装配质量

15. 轴承发热超过规定值的故障原因及排除方法见表2-2-8。

轴承发热超过规定值的故障原因及排除方法　　　　表2-2-8

故　障　原　因	排　除　方　法
润滑脂过多或过少	拆开轴承盖,检查润滑脂量,按规定增减润滑脂
润滑脂质量不好,含有杂质	检查润滑脂内有无杂质,更换洁净润滑脂
轴承与轴配合过松或过紧	进行调整,使轴承与轴配合间隙符合要求
轴承与端盖配合过松或过紧	进行调整,使轴承与端盖配合符合要求
油封间隙配合太紧	更换或修理油封
轴承内盖偏心,与轴相摩擦	修理轴承内盖,使其与轴的间隙合适
驱动电机两侧端盖或轴承盖未装平	按正确工艺将端盖或轴承盖装入止口内,然后均匀紧固螺钉
轴承有故障,磨损,有杂物等	更换损坏的轴承,对含有杂质的轴承要彻底清洗,更换润滑脂
轴承间隙过大或过小	更换新轴承

16. 花键轴或花键套过早磨损的故障原因及排除方法见表2-2-9。

花键轴或花键套过早磨损的故障原因及排除方法　　　　表2-2-9

故　障　原　因	排　除　方　法
驱动电机轴或套老化	更换
驱动电机安装不当,造成驱动电机轴弯曲变形	检测维修或更换
驱动电机长期过载运行	按正常负荷运行

17. 驱动电机发热冒烟或烧毁的故障原因及排除方法见表2-2-10。

驱动电机发热冒烟或烧毁的故障原因及排除方法　　　　表2-2-10

故　障　原　因	排　除　方　法
严重超载	减负荷至规定值
冷却液不足	按规定添加冷却液
爬坡度或坡道长超过规定值	按等级公路运行
制动器调整不当或使用不当,正常行驶中脚踩着制动踏板	调整制动器,正常行驶时不踩制动踏板
驱动电机控制器失效	检测维修或更换驱动电机控制器

18. 因为器件本身的结构和物理特性以及相互间的电磁兼容性问题,驱动电机控制器故障也成为驱动电机系统发生故障的主要原因。

19. 驱动电机控制器的故障主要有:IGBT故障、输入电源线与接头故障、整流二极管短路、高压母线搭铁错误、高压直流侧电容器短路、晶闸管短路、温度超限报警、相电流过流、过电压和欠电压等高压电气系统故障。

20. 驱动电机控制器常见故障及处理方法见表2-2-11。

驱动电机控制器常见故障及处理方法　　　　表2-2-11

故障码	故　障　说　明	排　除　方　法
1	W相IGBT饱和保护	重新起动车辆,如不能消除或经常发生需专业维修
2	U相IGBT饱和保护	重新起动车辆,如不能消除或经常发生需专业维修
3	V相IGBT饱和保护	重新起动车辆,如不能消除或经常发生需专业维修
100	在预充电状态下高压系统欠压	表示系统高压未接通;如高压已接通,而长时间没有消除,需专业维修
171	系统上电自检异常	需专业维修
190	高压系统过压	重新起动车辆,如不能消除或经常发生需专业维修
191	旋变检测异常	检查旋变信号线,重新起动车辆,如不能消除或经常发生需专业维修
192	瞬间超速保护	检查旋变信号线,重新起动系统,如不能消除或经常发生需专业维修
193	超速保护	检查旋变信号线,重新起动系统,如不能消除或经常发生需专业维修
194	过流保护	重新起动系统,如不能消除或经常发生需专业维修
196	24V瞬间断路	检查供电系统是否断路或接触不良
199	15V驱动电源工作异常	重新起动车辆,如不能消除或经常发生需专业维修
203	15V驱动电源起动异常	重新起动车辆,如不能消除或经常发生需专业维修

21. 从驱动电机系统的结构组成、工作原理可知,新能源汽车无法起动的原因无外乎两大类:第一类起动不了,表现为整车电气设备不能工作,即整车都没有电源;第二类起动不了是车辆电气设备都工作正常,但是无法开动车辆。第一类故障一般是由于低压电供应故障引起的,应检修辅助蓄电池或DC/DC转换器。第二类无法起动一般是负极控制模块的电路

出现故障所致。

22. 无法起动的直接原因是驱动电机控制器内的直流继电器不吸合,导致动力蓄电池电源无法接入驱动电机控制器高压模块,因此无法控制电机的运行,车辆无法起动,即"驱动电机不上电"。

23. 动力蓄电池负极与电动机控制器之间有个负极控制模块,负极控制模块是为了起动开关控制车辆运行所设,核心为主继电器,外围控制信号的输入主要目的就是为了主继电器的吸合。

考试模拟题

一、是非判断题

1. 复励直流电机中,若串励绕组产生的磁通势与并励绕组产生的磁通势方向相同称为差复励。　　　　　　　　　　　　　　　　　　　　　　　　　　　　　(×)
2. 新能源汽车的驱动电机需要在各个转速下均能够产生转矩。　　　　　　　(√)
3. 驱动电机在一定的条件下同时也可以作为发电机发电。　　　　　　　　　(√)
4. 驱动电机维修装配时都要清洁电机内部,不能有杂质。　　　　　　　　　(√)
5. 驱动电机的转子带强磁性,电机除高低压盖板外,其余零部件禁止拆装。　　(√)
6. 驱动电机控制器发现IGBT相应故障后,会关闭逆变器功能。　　　　　　(√)
7. 大多数电流传感器是驱动电机控制器总成内部的一部分,可以单独维修。　(×)
8. 对动力蓄电池组进行充电时,应将驱动电机控制器断开。　　　　　　　　(√)
9. 若电机定子三相直流电阻差别较大则说明电机可能有匝间短路。　　　　　(√)
10. 驱动电机管理系统会对驱动电机、旋变传感器,以及自身控制模块进行实时自检。　　　　　　　　　　　　　　　　　　　　　　　　　　　　　　　(√)
11. 驱动电机位置传感器由驱动电机控制器监测。　　　　　　　　　　　　　(√)
12. 自然冷却具有结构简单,不需要辅助设施就能实现,但自然冷却效率差。　(√)
13. 提升续驶里程的唯一方法就是提升驱动电机的效率。　　　　　　　　　　(×)
14. 电机耐久测试的目的是确定电机的效率、功率因数、转速、定子电流等。　(×)
15. T-N 曲线测试目的是描绘出电机的转速、转矩关系特性曲线。　　　　　(√)
16. 汽车上的驱动电机都在有限的转矩输出下,设计成高速电机。　　　　　　(√)
17. 永磁同步电机有效率高、体积小、质量轻及可靠性高的优点。　　　　　　(√)
18. 冷却液温度传感器安装在散热器右侧前部,内含一个封装的正温度系数的热敏电阻。　　　　　　　　　　　　　　　　　　　　　　　　　　　　　　　(×)
19. 驱动电机与控制器冷却风扇采用脉冲调制控制。　　　　　　　　　　　　(√)

20. 如果驱动电机冷却液温度低于65℃，冷却风扇停止工作。　　　　　　　　　　　　　（×）
21. 混合动力汽车的发动机冷却系统同时提供驱动电机冷却。　　　　　　　　　　　　（×）
22. 驱动电机通电后，电机不起动，有"嗡嗡"响，应是定子、转子绕组断路所致。

（√）
23. 驱动电机在空载时不能起动，应是电源电压太高所致。　　　　　　　　　　　　　（×）
24. 驱动电机发热冒烟或烧毁，应是润滑脂过多或过少所致。　　　　　　　　　　　　（×）
25. 驱动电机温度保护方式是：当控制器监测到驱动电机温度传感器显示为120℃≤温度＜140℃时立即停机。　　　　　　　　　　　　　　　　　　　　　　　　　　　　　　（×）
26. 驱动电机控制系统存在故障时，会导致驱动电机不能正常运转，使车辆失去动力。

（√）
27. 如果仅驱动电机温度指示灯点亮，说明驱动电机的温度过高，系统将降低驱动电机的功率输出。　　　　　　　　　　　　　　　　　　　　　　　　　　　　　　　　　　（√）
28. 如果读取到驱动电机控制系统的故障码，一定是驱动电机控制器模块故障。　　　（×）
29. 检修电机驱动系统前，需要进行高压电禁用。　　　　　　　　　　　　　　　　　（√）
30. 冷却系统的电子风扇，其转速与驱动电机自身的运转速度有关。　　　　　　　　（×）
31. 驱动电机系统是新能源汽车三大核心部件之一，也是车辆行驶的主要控制机构。

（×）

二、单项选择题

1. 进行驱动电机维修时，要求安装轴承前应将箱体置于（B）烤箱中加热30min。
   A. 100℃　　　　　B. 120℃　　　　　C. 150℃　　　　　D. 180℃
2. 根据（A）信号，驱动电机控制器监测驱动电机转子的角位置、转速和方向。
   A. 旋转变压器型位置传感器　　　　　B. 电容式位置传感器
   C. 浮子自动平衡式位置传感器　　　　D. 超声波位置传感器
3. 通常使用（D）即可满足驱动电机所有基本电量参数的测量需求。
   A. 电压表　　　　B. 电流表　　　　C. 功率表　　　　D. 功率分析仪
4. 在进行驱动电机定子绕组检测时，测量U、V、W三相线束端子间电压，一定要确保测量每个端子间的电压，且每组电压值为（C）才可以继续拆卸。
   A. 0V　　　　　　B. 大于3V　　　　C. 0V或小于3V　　D. 大于0V
5. 在进行驱动电机定子绕组检测时，将万用表旋至（B），测量高压线束端子与搭铁之间的电压。
   A. 电阻挡　　　　B. 直流电压挡　　　C. 交流电压挡　　　D. 直流电流挡
6. 驱动电机主要冷却方式有自然冷却、（B）和水冷。
   A. 绝热冷却　　　B. 风冷　　　　　　C. 油冷　　　　　　D. 间接冷却
7. 以下关于驱动电机水冷的描述错误的是（C）。
   A. 水冷是利用循环水带走转子和定子的热量
   B. 水冷的冷却效果比风冷更显著
   C. 水冷可以避免产品腐蚀物和磨粒，有利于提高驱动电机的使用寿命

D. 水冷需要良好的机械密封装置

8. 驱动电机冷却系统中,为使散热器热量散发更充分,通常还在散热器后方设置(A)。
   A. 冷却水管　　　B. 冷却风扇　　　C. 冷却液泵　　　D. 膨胀罐

9. 当 A/C 开启或逆变器冷却液温度(A)时,冷却液风扇开始工作。
   A. 高于52℃　　　B. 低于52℃　　　C. 高于65℃　　　D. 低于65℃

10. 驱动电机的(B)时,冷却风扇高速起动。
    A. 45℃≤温度<50℃　　　　　　　B. 温度≥50℃
    C. 温度≤40℃　　　　　　　　　D. 120℃≤温度<140℃

11. 当驱动电机控制器监测到散热基板(C)时,降功率运行。
    A. 温度≥75℃　　　　　　　　　B. 温度≥80℃
    C. 75℃≤温度<85℃　　　　　　　D. 温度≥85℃

12. 目前,新能源汽车采用的驱动电机类型比较多的是(A)。
    A. 永磁同步电机　　B. 直流电机　　C. 笼型电机　　D. 交流异步电机

13. 测量驱动电机三相定子线圈电阻可用的仪器是(A)。
    A. 万用表　　　B. 绝缘电阻测试仪　　C. 千分尺　　　D. 百分表

14. 驱动电机冷却方式和冷却效果最好的是(C)。
    A. 自然冷却　　　B. 风冷　　　C. 水冷　　　D. 直接风扇冷却

15. 冷却风扇受(D)控制。
    A. BMS　　　　　B. ETC　　　　　C. FEB　　　　　D. VCU

16. 逆变器最合适的工作温度应该是(A)。
    A. 低于65℃　　　B. 高于65℃　　　C. 低于75℃　　　D. 高于75℃

17. 驱动电机过热,造成故障的原因不可能是(D)。
    A. 冷却液缺少　　　　　　　　　B. 电动冷却液泵损坏
    C. 电动冷却液泵不工作　　　　　D. 电子风扇常转

18. 驱动电机控制器的检查应在断电的情况下进行,检查周期为至少(B)1次。
    A. 每1个月　　　B. 每3个月　　　C. 每6个月　　　D. 每1年

19. 检测到欠电压保护故障的故障码时,应检查动力蓄电池电量是否大于(B),否则应充电。
    A. 5%　　　　　B. 10%　　　　　C. 20%　　　　　D. 30%

20. 绝缘栅双极型晶体管的英文缩写是(A)。
    A. IGBT　　　　B. BJT　　　　　C. GTR　　　　　D. MOSFET

21. 新能源汽车出现电气设备都工作正常,但是无法起动车辆的故障时,一般是(C)出现故障所致。
    A. 动力蓄电池组　　　　　　　　B. 辅助蓄电池
    C. 负极控制模块　　　　　　　　D. DC/DC 转换器

22. 驱动电机系统的故障主要分为驱动电机本体故障和(C)两种。
    A. 机械故障　　　　　　　　　　B. 电气故障
    C. 驱动电机控制器故障　　　　　D. 传感器故障

三、多项选择题

1. 按照驱动电机供电方式,新能源汽车驱动电机常见的类型有(AB)。
   A. 直流电机　　　B. 交流电机　　　C. 水冷电机　　　D. 风冷电机
2. 永磁同步电机根据磁片镶嵌在转子中的方式,常见的类型有(AB)。
   A. 内嵌式　　　　B. 面贴式　　　　C. 焊接式　　　　D. 黏结式
3. 下列属于驱动电机特点的是(ABC)。
   A. 体积小　　　　B. 密度大　　　　C. 质量轻　　　　D. 价格低
4. 对驱动电机电量检测参数有(ABCD)。
   A. 电压　　　　　B. 电流　　　　　C. 功率　　　　　D. 相位
5. 对驱动电机非电量检测参数有(ABCD)。
   A. 转速　　　　　B. 转矩　　　　　C. 温度　　　　　D. 振动
6. 一般认为对驱动电机性能的测量参数有(ABCD)。
   A. 负载特性测试　B. T-N 曲线　　C. 耐久测试　　　D. 空载测试
7. 下列关于驱动电机拆卸与安装注意事项描述正确的有(ABC)。
   A. 安装过程中应避免碰撞、跌落
   B. 安装使用前必须进行绝缘检查
   C. 安装使用前检查三相线束导电部分及电机强电接口应清洁无异物、无油脂
   D. 电机转子带强磁性,除高低压盖板外,其余零部件一般禁止拆装
8. 驱动电机控制系统的故障可能发生在(ABCD)。
   A. 控制器模块本身的故障　　　　　B. 旋变传感器故障
   C. 电源不良　　　　　　　　　　　D. 搭铁不良
9. 驱动电机起动困难或不起动原因可能是(ACD)。
   A. 电源电压过低　B. 电源电压过高　C. 电机过载　　　D. 电机机械卡住
10. 驱动电机运行温度过高原因可能是(ABCD)。
    A. 负载过大　　　B. 电机扫膛　　　C. 电机绕组故障　D. 冷却不良
11. 驱动电机控制器主要功能包括(ABCD)。
    A. 怠速控制　　　　　　　　　　　B. 控制电机正转、反转
    C. 防溜车　　　　　　　　　　　　D. 通信与保护
12. 开启能量回收的条件包括(ABD)。
    A. 加速踏板开度为 0 或制动　　　　B. 动力蓄电池电量 <95%
    C. 动力蓄电池温度 <65℃　　　　　D. 各系统无故障
13. 驱动电机系统依靠内置传感器来提供驱动电机的工作信息,这些传感器包括(AD)。
    A. 温度传感器　　　　　　　　　　B. 速度传感器
    C. 位置和转速传感器　　　　　　　D. 旋变传感器
14. 下列关于第一类起动故障描述正确的有(AC)。
    A. 车辆电气设备不工作　　　　　　B. 车辆电气设备工作正常
    C. 检查更换 DC/DC 转换器　　　　 D. 检查更换负极控制模块

15. 下列可能导致驱动电机机械方面故障的原因有(AC)。
    A. 转速过高 　　　　　　　　　　B. 笼型转子导条断条
    C. 润滑不充分 　　　　　　　　　D. 电机绕组短路
16. 造成驱动电机振动的原因有(BCD)。
    A. 逆变器控制原因 　　　　　　　B. 轴承磨损,间隙不合格
    C. 笼型转子导条断条 　　　　　　D. 铁芯变形或松动

第三章 整车控制系统原理与维修诊断

第一节 整车控制系统原理与功能

（22~29条适用于检测维修工程师，其他适用于检测维修士）

1. 整车控制系统是新能源汽车的神经中枢，承担了各系统的数据交换、信息传递、故障诊断、安全监控、驾驶人意图解析、动力蓄电池能量管理等作用，对新能源汽车的动力性、经济性、安全性和舒适性等有很大的影响。

2. 整车电气系统通常包含低压电气系统、高压电气系统和整车网络控制系统三部分。新能源汽车电气系统组成如图2-3-1所示。

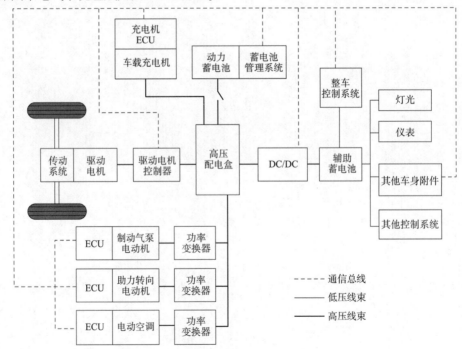

图2-3-1 新能源汽车电气系统组成图

3. 新能源汽车的低压电气系统有 12 V 辅助蓄电池和低压电气设备组成,其中辅助蓄电池的作用有 2 个:一是为灯光、仪表等常规低压电气设备供电;二是为整车控制器、电机控制器和部分辅助部件供电。

4. 新能源汽车的高压电气系统由动力蓄电池、驱动电机及控制器、空调压缩机及控制器、功率变换器等组成。

5. 整车网络控制系统包括整车控制器、驱动电机控制器、动力蓄电池管理系统、信息显示系统和通信系统等。

6. 新能源汽车整车控制系统主要分为集中式控制和分布式控制两种方案。

7. 集中式控制系统的基本思想是整车控制器独自完成对输入信号的采集,并根据控制策略对数据进行分析和处理,然后直接对各执行机构发出控制指令,驱动新能源汽车的正常行驶。

8. 集中式控制系统的优点是处理集中、响应快和成本低;缺点是电路复杂,并且不易散热。

9. 分布式控制系统的基本思想是整车控制器采集一些驾驶员信号,同时通过 CAN 总线与驱动电机控制器和动力蓄电池管理系统通信,驱动电机控制器和动力蓄电池管理系统分别将各自采集的整车信号通过 CAN 总线传递给整车控制器。整车控制器根据整车信息,并结合控制策略对数据进行分析和处理,驱动电机控制器和动力蓄电池管理系统收到控制指令后,根据驱动电机和动力蓄电池当前的状态信息,控制驱动电机运转和动力蓄电池放电。

10. 分布式控制系统的优点是模块化和复杂度低;缺点是成本相对较高。

11. 新能源汽车控制系统是基于车载电子微处理器的硬件和软件,以及 CAN 通信网络系统等来实现对汽车各个功能单元的控制。

12. 新能源汽车控制系统包括整车控制器和各子系统控制单元。整车控制器是整车控制系统的核心部件,整车控制器承担数据交换与控制、安全管理和能量分配的任务。

13. 整车控制系统的分层控制结构如图 2-3-2 所示。整车控制系统最底层是执行层,由部件控制器和一些执行单元组成,其任务是正确执行中间层发送的指令,这些指令通过 CAN 总线进行交互,并且有一定的自适应和极限保护功能;中间层是协调层,也就是整车控制器,它的主要任务一方面根据驾驶员的各种操作和汽车当前状态解释驾驶员的意图,另一方面根据执行层的当前状态,做出最优的协调控制;最高层是组织层,由驾驶员或者自动驾驶仪来实现车辆控制。

14. 整车控制系统的原理是:整车控制器通过 CAN 总线与驱动电机控制器、动力蓄电池管理系统、空调控制器等关键零部件进行通信,从而对整车进行控制。

15. 整车控制器通过 CAN 总线接收驱动电机控制器和动力蓄电池管理系统的信息,并对驱动电机控制器、动力蓄电池管理系统和车载信息显示系统发送控制指令。驱动电机控制器和动力蓄电池管理系统分别负责驱动电机和动力蓄电池组的监控与管理,车载信息显示系统用于显示车辆当前的状态信息等。

16. 整车控制系统基本要求包括:测控车辆动力性和经济性、保证车辆安全性、对整车协调控制及调控驾驶舒适性。

17. 在控制系统中高压互锁和漏电保护是新能源汽车安全操作的两个重要功能。

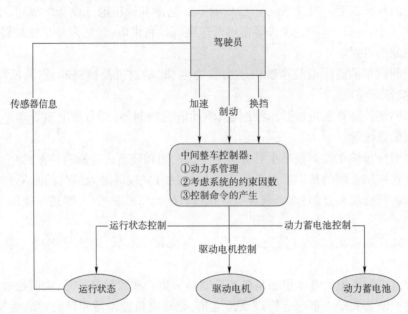

图 2-3-2 整车控制系统分层控制结构图

18. 对于控制系统故障诊断思路是：结合报警指示灯和故障诊断仪查看故障代码，找到故障系统，再用万用表对故障系统按照供电、信号等顺序进行逐个排查，找到故障点，如果是元件损坏就直接更换，是线路连接问题，恢复线路连接，完成整个故障诊断。

19. 新能源汽车 CAN 总线由多个控制系统组成，各个控制器之间通过 CAN 总线进行通信，以实现传感器测量数据的共享、控制指令的发送和接收等，并使各自的控制性能都有所提高，从而提高系统的控制性能。它们之间的通信与信息类型为信息类和命令类。信息类主要是发送一些信息，如传感器信号、诊断信息、系统的状态。命令类则主要是发送给其他执行器的命令。

20. 整车热管理系统分为 3 个部分：乘员舱热管理、动力蓄电池系统回路热管理、驱动电机系统回路热管理。动力冷却系统的作用是对动力蓄电池、驱动电机、控制器及充电机等车辆关键部件进行冷却或加热，使其保持在适当工作温度范围内，冷却或加热性能直接影响零部件的性能表现，对于提升整车动力性和经济性，有重要意义。

21. 动力蓄电池回路热管理主要包括动力蓄电池冷却、动力蓄电池加热功能的实现；当动力蓄电池有冷却需求时，压缩机起动，动力蓄电池回路通过换热器与空调回路进行换热。

22. 新能源汽车会大量使用控制模块和电气元件，如传感器、执行器等。为提高对这些电气元件在维修中故障诊断的速度和准确性，车辆的控制系统都会设计有一套故障自诊断系统。故障自诊断主要完成对控制模块、传感器和执行器的状态进行实时监测。

23. 车辆故障自诊断系统的功能包括：

（1）能够实时监测系统的故障信息。

（2）设定故障失效的备份值，在设定一个故障码时，控制器也应该设定一个与该故障信息相对应的默认输入或者输出值，且此默认值必须保证整个系统还能够在一个比较安全的工况下工作。

(3)冻结帧信息的存储,为了给随后的维修提供参考,同时能够让维修人员更清楚了解故障发生时刻车辆的相关信息。因此,必须定义并存储故障的冻结帧信息。

(4)警告驾驶人,控制器确定了某一个故障后,还必须根据实际情况给驾驶人提供相应的信息,如点亮报警灯或声音提示等。

(5)能够实现与外部通信,外部诊断仪可以获取存储的故障信息。

24.故障监测部分完成了多种类型的故障诊断,主要有与整车控制器相连的传感器、执行器、CAN通信和控制器本身的故障。

25.传感器故障自诊断。传感器本身就产生电信号,对传感器的故障诊断在软件中编制有传感器输入信号识别程序或者相应的逻辑判断实现对传感器的故障诊断,传感器故障类型主要有对地短路/断路,对电源短路/断路,传感器性能不佳。

26.执行器故障自诊断。执行器进行的是控制操作,控制信号是输出信号,要对执行器的工作情况进行诊断,一般增设故障诊断电路。即VCU向执行器发出一个控制信号,执行器要有一条专用回路向VCU反馈其执行情况。当VCU得不到反馈信号或与期望值不符合时便认为该执行器已经不能正常工作。

27.CAN通信故障自诊断。

(1)总线关闭故障:整车控制器不能和总线进行正常通信,CAN发送器的故障计数器大于255时,设置CAN总线关闭故障。

(2)数据帧发送超时故障:在特定时间内,对于CAN通信而言,一般为5倍的CAN发送周期,如果CAN数据帧没有发送出去,此时设置数据帧发送超时故障。

(3)信号错误:如果通信过程中出现信号传输错误,必须要在应用程序中设置默认值,主要的监测方法是通过对每一个信号增加更新位,或者其他方式来间接地判断是否出现信号错误。

28.整车控制器本身故障自诊断。控制器本身故障主要包括随机存储器(Random Access Memory,简称RAM)、只读储存器(Read-Only Memory,简称ROM)等故障。诊断时,在硬件上增加后备回路的同时,还增加独立于整车控制系统之外的监视电路,监视回路中设置计数器。当整车控制器正常运行时,由整车控制器中的运行程序对计数器定时进行清零处理,此时监视电路中计数器的数值永远不会出现溢出现象。当整车控制器出现不正常运行现象时,其不能对计数器进行定时清零,致使监视计数器发生溢出现象。监视计数器溢出时其输出电平将由低电平变为高电平,计数器输出电平的变化,将直接触发备用回路。

29.自诊断故障的处理方式:

(1)故障确认:在故障数据管理中,主要对来自故障监测模块的信息进行计数,当计数器达到限值后,即故障确认,并且设置相应的标志位信息。

(2)故障清除:在故障数据管理中,根据故障监测模块的信息和当前的故障状态,对相应的计数器操作,当该计数器达到相应的限值,自动清除存储器中该故障的相关信息。

(3)故障数据的存储:在故障数据管理中,根据故障的状态,将与此故障相关的一些冻结帧及计数器的信息存入存储器中。

第二节　整车控制器原理与功能

（23、24条适用于检测维修工程师，其他适用于检测维修士）

1. 整车控制器，简称 VCU，是整车控制系统的核心部件，用于判断操纵者意愿，根据车辆行驶状态、蓄电池和电机系统的状态合理分配动力，使车辆运行在最佳状态。

2. 整车控制器根据驾驶员操作信号进行驾驶意图解释，根据各个部件和整车工作的状态进行整车安全管理和能量分配决策，通过 CAN 总线向各系统的控制器发送命令，并通过硬件资源驱动整车安全操作和仪表显示。整车控制器功能框图如图 2-3-3 所示。

图 2-3-3　整车控制器功能框图

3. 整车控制器的硬件电路包括微控制器、开关量调理、模拟量调理、继电器驱动、高速 CAN 总线接口、电源等模块。整车控制器的硬件结构如图 2-3-4 所示。

4. 微控制器模块。微控制器模块是整车控制器的核心，综合考虑新能源汽车整车控制器的功能及其运行的外界环境，微控制器模块应该具有高速的数据处理性能、丰富的硬件接口、低成本和可靠性高的特点。

5. 开关量调理模块。开关量调理模块用于开关输入量的电平转换和整型，其一端与多个开关量传感器相连，另一端与微控制器相接。

6. 模拟量调理模块。模拟量调理模块用于采集加速踏板和制动踏板的模拟信号，并输送给微控制器。

7. 继电器驱动模块。继电器驱动模块用于驱动多个继电器，其一端通过光电隔离器与微控制器相连，另一端与多个继电器相接。

8. 高速 CAN 总线接口模块。高速 CAN 总线接口模块用于提供高速 CAN 总线接口，其一端通过光电隔离器与微控制器相连，另一端与系统高速 CAN 总线相接。

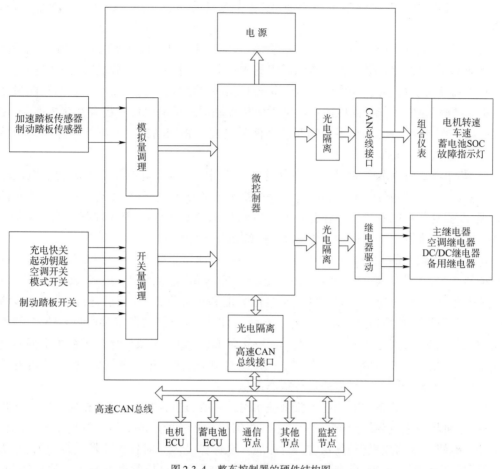

图 2-3-4 整车控制器的硬件结构图

9. 电源模块。电源模块为微处理器和各输入、输出模块提供隔离电源,并对蓄电池电压进行监控,与微控制器相连。

10. 整车控制器的主要功能包括:控制模式的判断、整车能量管理、通信网络管理、制动能量回收、故障诊断处理、状态监测与显示。

11. 整车控制器应具备的基本功能包括:对汽车行驶控制的功能、整车网络化管理功能、制动能量的回收控制、整车能量管理和优化、对车辆状态的监测和显示、故障诊断与处理、充电系统控制、诊断设备的在线诊断和下线检测等。

12. 对汽车行驶控制的功能。整车控制器通过采集钥匙信号、充电信号、加速/制动踏板位置信号等来判断当前需要的工作模式。新能源汽车的驱动电机必须按照驾驶员意图输出驱动或制动转矩。当驾驶员踩下加速踏板或制动踏板时,驱动电机要输出一定的驱动功率或再生制动功率。踏板开度越大,驱动电机的输出功率越大。因此,整车控制器要合理解释驾驶员操作;接收整车各子系统的反馈信息,为驾驶员提供决策反馈;对整车各子系统的发送控制指令,以实现车辆的正常行驶。

13. 整车的网络化管理功能。整车控制器是新能源汽车众多控制器中的一个,是CAN总线中的一个节点。在整车网络管理中,整车控制器是信息控制的中心,负责信息的组织与管理、网络状态的监控、网络节点的管理、信息优先权的动态分配,以及网络故障的诊断与处理。

14. 对制动能量的回收控制功能。新能源汽车区别于内燃机汽车的重要特征就是能够进行制动能量回收,这是通过将新能源汽车的驱动电机工作在再生制动状态来实现,整车控制器分析驾驶员制动意图、动力蓄电池组状态和驱动电机状态等信息,并结合制动能量回收控制策略,在满足制动能量回收的条件下对电机控制器发送电机模式指令和转矩指令,使得驱动电机工作在发电模式,在不影响制动性能的前提下将制动回收的电能储存在动力蓄电池组中,从而实现制动能量回收。

15. 整车能量管理和优化功能。在新能源汽车中,动力蓄电池除了给驱动电机供电以外,还要给高压电动附件供电,因此,为了获得最大的续驶里程,整车控制器将负责整车的能量管理,以提高能量的利用率。在蓄电池的SOC值比较低的时候,整车控制器将对某些电动附件发出指令,限制电动附件的输出功率,来增加续驶里程。

16. 对车辆状态的监测和显示功能。整车控制器通过直接采集信号和接收CAN总线上的数据的方式,获得车辆运行的实时数据,包括速度、驱动电机的工作模式、转矩、转速、动力蓄电池的剩余电量、总电压、单体电压、蓄电池温度和故障等信息,然后通过CAN总线将这些实时信息发送到车载信息显示系统进行显示。此外,整车控制器定时检测CAN总线上各模块的通信,如果发现总线上某一节点不能够正常通信,则在车载信息显示系统上显示该故障信息,并对相应的紧急情况采取合理的措施进行处理,防止极端状况的发生,使得驾驶员能够直接、准确地获取车辆当前的运行状态信息。

17. 故障诊断与处理功能。连续监测整车电控系统,进行故障诊断和相应的安全保护处理,同时还对故障进行分级分类、报警显示和存储故障等处理。故障指示灯指示出故障类别和部分故障码。根据故障内容,及时进行相应安全保护处理。对各种故障进行判断、等级分类、报警显示;存储故障码,供维修时查看;故障指示灯指示出故障类型与部分故障码;对于不太严重的故障,能做到低速行驶到附近维修站进行检修。

18. 充电系统控制功能。实现充电的连接,监控充电过程,报告充电状态,充电结束。

19. 诊断设备的在线诊断和下线检测功能。负责与外部诊断设备的连接和诊断通信,实现诊断服务,包括数据流的读取,故障码的读取和清除,控制端口的调试。

20. 直接向整车控制器发送信号的传感器包括:加速踏板传感器、制动踏板传感器和挡位开关。其中,加速踏板传感器和制动踏板传感器输出模拟信号,挡位开关输出信号是开关量信号。

21. 整车控制器通过向驱动电机控制器、动力蓄电池管理系统发送指令,间接控制驱动电机运转和动力蓄电池充放电,通过控制主继电器来实现车载模块的通断电。

22. 整车控制器接收加速踏板、制动踏板传感器和挡位的信号,控制驱动电机的运转。其中:

(1)加速踏板用于为驱动系统提供电机负荷的输入信号,并控制制动能量回收功能。

(2)制动踏板用于取消电机输入负荷,并实现车辆的制动功能。

(3)挡位控制器用于控制电机的运转方向和电机的起动与停止。

23. 当加速踏板、制动踏板传感器信号和挡位输入信号产生故障后,整车控制器将停止车辆的动力输入,并输出诊断故障码。

24. 制动信号丢失情况下,车辆无法起动;非制动信号故障时,车辆能够起动,但起动后动力停止输出。

25. 整车上下电控制遵循"先上低压电、后上高压电,先下高压电,后下低压电的原则",同时监测各个零部件的状态信息,控制与上下电相关的各个接触继电器,起动车辆时高压供电系统预充电,停车或行车故障时按照合理的策略切断高压供电系统,保障乘员的安全。

26. 高压上下电控制。新能源汽车上、下电控制的核心就是对动力系统高压电路通断的控制。基于上电、下电控制策略,实现了以整车管理系统为控制核心的顺利上电、常规下电、紧急下电等关键功能。

27. 新能源汽车上下电控制目的在于:在已有整车动力系统结构的前提下,通过采集钥匙及踏板等驾驶员动作信号,并通过 CAN 总线、蓄电池管理系统及电机控制器等子系统进行通信,来控制整车安全高压上电、下电,同时在上、下电过程中,力求准确诊断出整车动力系统的高压故障并迅速做出相应处理。

28. 对于新能源汽车高压供电系统的整个动力电路,存在着大量的容性负载。如果在高压电路接通过程中不采取有效的防范措施,高压电路在上电瞬间,由于系统电路容性负载的存在,将会对整个高压系统电路造成上电冲击。为此,在上电过程中需要对高压电路进行防电流瞬态冲击预充电。

29. 上电过程控制。新能源汽车在接到有效起动的命令组合信号之后,整车管理系统首先低压上电,对高压电路系统进行高压上电前预诊断,如果 SOC 达到一定值,电压正常,并且电路无绝缘和短路等故障,接通防电流瞬态冲击预充电系统进行高压电路预充电。如果高压电路预充电在约定的正常时间范围内完成,则系统允许接通高压电路,否则禁止高压电路接通。

30. 下电过程是指动力系统高压下电过程,在车辆遇到紧急情况时需切断高压电源与动力系统的连接,在保证乘客安全的前提下,高压下电包括正常停车断电和紧急故障断电。正常停车断电时,整车管理系统接收到关机断电信号后车辆进入自动断电程序,按照时序完成动力系统的高压下电过程,并对下电过程进行诊断和检测。下电时起动计时器会表明下电时的持续时间。

31. 整车上电控制顺序如图 2-3-5 所示。

(1) 点火开关置于 ON 挡,上低压电。

(2) 读取 BMS、MCU 状态信息,部件自检正常。

(3) 读取"充电门板"状态,应处于关闭状态。

(4) 动力蓄电池、驱动电机初始化已完成,初始状态正常。

(5) 闭合主负继电器。

(6) 闭合预充继电器,给预充电容进行充电。

(7) 驱动电机控制器采集到电压达到当前动力蓄电池电压的 2/3 时,给 BMS 发送预充成功信号(硬线信号)。

(8) BMS 控制闭合主继电器后断开预充继电器。

(9) 电机上高压电。

(10) 上电完成。组合仪表"OK"灯点亮。

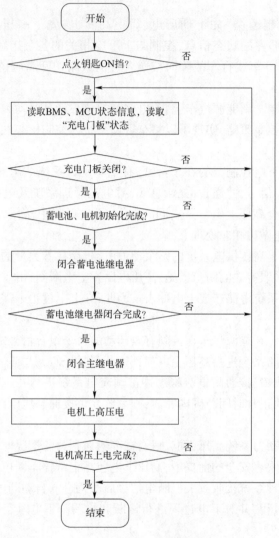

图 2-3-5　整车上电控制流程图

32. 在上电过程中,应注意:车钥匙旋转至 Start 挡,松开后回到 ON 挡;挡位处于 N 挡上电,踩下制动踏板。

33. 纯电动车下电只需点火开关置于 OFF 挡,即可实现高压、低压供电系统的正常下电,具体过程如下:

(1) 点火开关置于 OFF 挡,主继电器断开、MCU 低压供电系统下电;

(2) 辅助系统停止工作,包括 DC/DC、水泵、空调、暖风;

(3) BMS 断开动力蓄电池继电器;

(4) 整车控制器下电。整车控制器在下电前会存储行车过程中发生的故障信息。

34. 整车上、下电策略在安全层面有一个最主要的区别,那就是上电可中断退出,下电不可中断退出,必须高压继电器全部断开后,才允许重新上电。

35. 防溜车功能控制。新能源汽车在坡上起步时,驾驶员从松开制动踏板到踩加速踏板过程中,会出现整车向后溜车的现象。在坡上行驶过程中,如果驾驶员踩加速踏板的深度不够,整车会出现车速逐渐降到 0 然后向后溜车现象。为了防止纯电动车在坡上起步和运行时向后溜车现象,在整车控制策略中增加了防溜车功能。防溜车功能可以保证整车在坡上起步时,向后溜车小于 10cm;在整车坡上运行过程中如果动力不足时,整车车速会慢慢降到 0,然后保持 0 车速,不再向后溜车。

36. 制动能量回收的控制策略:整车控制器根据行车速度、驾驶人制动意图、动力蓄电池组的荷电状态三个方面进行综合判断,若达到回收制动能量的条件,整车控制器即会向电机控制器发出控制指令,使驱动电机工作在发电状态,将制动能量转变成电能存储到动力蓄电池中。

37. 制动能量回收系统的工作应遵循以下原则:
(1)制动能量回收不应该干预 ABS 的工作;
(2)当 ABS 进行制动力调节时,制动能量回收不应该工作;
(3)当 ABS 报警时,制动能量回收系统不应该工作;
(4)当电驱动系统有故障时,制动能量回收不应该工作。

38. 制动力分配是制动能量回收控制策略中最为核心的部分。

39. 制动力分配直接关系到汽车制动能量回收和制动效能。从制动能量回收的角度来看,越大的再生制动力参与制动则可回收的制动能量就越多;但制动分配线偏离理想制动力分配线也会越多。因此,制动力分配既要保证汽车的制动效能,还要尽可能多地回收制动能量。

40. 动力蓄电池能量回收状态说明:
(1)可接受最大回馈电压要求:动力蓄电池可以承受由驱动电机产生的最大 365V 的感应电动势;
(2)可接受回馈电流 SOC 范围要求:动力蓄电池可以接受回馈电流的 SOC 范围为 0~90%。

第三节 整车控制器的更换与故障诊断

(1~14、17 条适用于检测维修工程师,其他适用于检测维修士)

1. 整车控制器根据驱动电机、动力蓄电池、DC/DC 等零部件故障、整车 CAN 网络故障及 VCU 硬件故障进行综合判断,确定的故障等级,并进行相应控制处理。

2. 新能源整车故障等级划分为四级:一级(致命故障)、二级(严重故障)、三级(一般故障)、四级(轻微故障)。具体分级见表 2-3-1。

整车控制系统故障分级及处理　　　　　　　　表 2-3-1

等　　级	名　　称	故障后处理	故　障　列　表
一级故障	致命故障	电机零转矩,1s 紧急断开高压供电系统,系统故障灯亮	MCU 高压供电系统母线过压故障、BMS 一级故障
二级故障	严重故障	电机零转矩;二级蓄电池故障,20A 放电电流限功率;系统故障灯亮	这类故障包括:MCU 相电流过流、IGBT、旋变等故障;电机节点丢失故障;挡位信号故障
三级故障	一般故障	进入跛行工况	加速踏板信号故障
		降功率	MCU 电机超速保护
		限功率 <7kW	跛行故障、SOC <1%、BMS 单体欠压、内部通信、硬件等二级故障
		限速 <15km/h	低压供电系统欠压故障、制动故障
四级故障	轻微故障	只仪表显示,四级故障属于维修提示,但是 VCU 不对整车进行限制。四级能量回收故障,仅停止能量回收,行驶不受影响	电机控制器系统温度传感器、直流欠压故障;整车控制器硬件、DC/DC 转换器异常等故障

3. 新能源汽车故障采取以 VCU 为核心零部件实现整车故障检测及处理策略。具体故障检测及处理策略分类包括:整车系统故障、整车 CAN 通信故障、整车控制器故障、其他零部件故障。其中,整车控制器负责检测整车系统故障、整车 CAN 通信故障以及整车控制器自身故障;而其他零部件故障由各个零部件自身检测并上报给 VCU,VCU 对所有故障做集中的故障管理。

4. 根据整车控制器系统结构可知,整车控制器故障有:电源供电系统检测故障、输入信号检测故障、驱动电路故障、CAN 通信接口故障。

5. 电源供电系统检测故障。包括供电电压过高、供电电压过低、输出电路输入电源异常等。

6. 输入信号检测故障。包括数字量采集信号错误、抖动,模拟量采集信号错误、抖动、信号超限、信号短路故障,控制器激活信号检测失效等。

7. 驱动电路故障。包括输出过压故障、输出过流故障、驱动温度过高故障等。

8. CAN 通信接口故障。主要包括 CAN 节点 BUS OFF、CAN 节点频繁重启故障等。

9. 整车通信故障检测。CAN 网络为整车系统最为重要的通信网络,因此,整车通信故障主要指 CAN 通信网络相关故障,具体故障包括:VCU 与其他模块通信超时故障、总线报文发送周期错误故障、总线报文丢帧故障、总线报文异常停发故障。

10. 整车系统故障检测。包括:车辆踏板逻辑故障、系统响应异常故障、系统高压回路超限故障、系统逻辑异常故障、系统数据异常故障、系统数据突变故障。

11. 零部件故障检测。零部件故障主要包括零部件自身及其系统相关的故障,其中最重要的为 BMS 及其动力蓄电池系统的故障和 MCU 及其电机驱动系统的故障。另外,还有一些高压附件如DC/DC、空调、暖风等故障,低压附件如水泵故障、助力转向故障、真空泵系统故障等。此类故障全部为零部件自身进行检测,VCU通过总线网络接收这些故障并根据故障策略进行处理。

12. 整车控制器通信故障的检测方法和解决方法:

(1)第一种情况:VCU没有电。应根据VCU针脚定义,检查各针脚导通是否正常,可能原因有VCU供电熔断丝烧毁、线束断开、插接器退针等问题。

(2)第二种情况:仪表到VCU的CAN总线线束有问题,直接维修线束即可。

(3)第三种情况:整车控制器VCU与车型不匹配或者VCU损坏。检查VCU的零部件号,直接更换可用的正确车型的VCU即可。

(4)第四种情况:仪表与车型不匹配或者仪表损坏。检查仪表的零部件号,直接更换可用车型的仪表即可。

13. 导致控制信号故障的常见原因有:挡位控制器信号故障、P挡电机故障、P挡电机控制器故障、加速踏板位置传感器故障、制动踏板位置传感器故障、漏电传感器或绝缘监测误报等。

14. 导致整车控制系统电源故障的常见原因有:DC-DC转换器故障、高低压线束断路或插接器损坏、高压互锁故障等。

15. 整车控制器拆卸步骤如下:

(1)断开点火开关,挂入P挡,拔出车钥匙。

(2)打开辅助蓄电池负极端子防护盖,用扳手松开辅助蓄电池负极螺栓。

(3)断开辅助蓄电池负极线,并固定好辅助蓄电池负极线,防止工作时负极线与辅助蓄电池重新连接。

(4)检查并佩戴绝缘手套,轻轻向上掀起维修开关把手,当把手与维修开关垂直时,向上拔出维修开关。

(5)拆下维修开关,等待至少5min。

(6)取下扶手箱左侧塑料卡扣,取下扶手箱右侧塑料卡扣。

(7)将扶手箱水杯垫掀开,松开十字自攻螺钉。

(8)拆下扶手箱底部的自攻螺钉。

(9)拆下点烟器连接器和天线连接器,取出扶手箱总成。

(10)拆下整车控制器的连接器。

(11)拆下整车控制器的固定螺栓。

(12)取出整车控制器。

16. 整车控制器的安装步骤:

(1)将整车控制器放入地板指定安放位置。

(2)安装整车控制器的固定螺母。

(3)安装整车控制器的连接器。

(4)装入点烟器连接器和天线连接器,再安装扶手箱。

(5)安装扶手箱底部的自攻螺钉。

(6)佩戴绝缘手套,安装维修开关。

(7)放入点烟器底座总成,同时插入点烟器、USB 连接器。

(8)安装固定螺栓。

(9)放入扶手箱垫,关闭扶手箱盖。

(10)将扶手箱水杯垫掀开,安装自攻螺钉。

(11)安装扶手箱左侧塑料卡扣;安装扶手箱右侧塑料卡扣。

(12)安装辅助蓄电池负极。

17.更换整车控制器后的编程和设置步骤:

(1)检查辅助蓄电池电压,应在 9~16V,车辆所有功能均工作正常。

(2)将车辆遥控钥匙放入可以被认证的区域内。

(3)将诊断仪连接至 OBD 诊断接口。

(4)按下起动开关使电源模式至"ON"位置。

(5)开启诊断仪,选择正确车型后,选择并进入"整车控制器"系统。

(6)选择并进入"写数据功能",选择并进入"写车辆识别码(VIN 码)",在弹出的界面中,输入 17 位车辆识别码(VIN 码),点击确认,写入完毕。

(7)进入"整车控制器系统",选择"写入发动机密钥码",在"写入数据"界面,写入发动机密钥码,点击确认,发动机密钥码写入成功。

(8)退出诊断仪,车辆可以正常行驶。

第四节 新能源汽车整车故障诊断

(9~20,23、24 条适用于检测维修工程师,其他适用于检测维修士)

1.新能源汽车的基本故障诊断策略和流程包括:

(1)第一步,理解并确认客户报修问题。

(2)第二步,确认车辆行驶状况。

(3)第三步,预检并进行全面的目视检查。

(4)第四步,执行系统化的车辆诊断与检查。

(5)第五步,查询或检索相关的案例信息。

(6)第六步,诊断类别。

(7)第七步,找到故障根本原因,再修理并检验修复情况。

(8)第八步,重新检查客户报修问题。

2.确认车辆行驶状况。车辆正常运行时,存在客户描述的故障情况,那么该情况可能属于正常情况。在与客户描述情况相同的条件下,与操作正常的类似车辆进行比较,如果其他车辆存在类似情况,那么这可能是车辆的设计原因。

3.预检并进行全面的目视检查,包括:

(1)对车辆进行外观全面检查。
(2)检测是否有异常的响声或异味。
(3)采集故障码信息,以便进行有效的修理。

4. 执行系统化的车辆诊断与检查。通过预检获取的信息,针对故障区域进行系统化的诊断和确认,确认系统工作是否正常,并确定执行何种诊断类别。

5. 诊断类别。
(1)针对当前故障码:按照指定的故障码诊断以进行有效的诊断和维修。
(2)针对无故障码:选择合适的症状诊断程序,按照症状诊断思路和步骤诊断、维修。
(3)针对未公布的诊断程序:分析问题,制订诊断方案。从维修手册中查看故障系统的电源、搭铁、输入和输出电路,确定接头和其他多条电路相连接的部位。查看部件的位置,确认部件、连接器或线束是否暴露在极端温度或湿度环境,以及是否会接触到其他具有腐蚀性的蓄电池电解液、机油或其他油液。
(4)针对间歇性或历史故障码:间歇性故障是一种不连续出现、很难重现,且只在条件符合时发生的故障。一般情况下,间歇性故障是由电气连接器和线束故障、部件故障、电磁或无线电频率干扰、行驶状况导致的。

6. 以下方法或工具有利于定位和修理间歇性故障或历史故障码:
(1)结合专业知识和可用的维修信息。
(2)判断客户描述的症状和状况。
(3)使用带数据捕获(数据流读取)功能的故障诊断仪、数字式万用表。

7. 当新能源汽车或插电式混合动力汽车出现故障时,通常在仪表上会显示出相应的故障灯来提醒驾驶人,并根据车辆的实际运行情况以及结合故障类型,起动相应的故障模式。

8. 常见警告灯及其含义见表 2-3-2。

常见警告灯及其含义　　　　表 2-3-2

指示或警告灯	名　称	功能及含义
	动力蓄电池切断警示灯	动力蓄电池处于切断状态时,该 LED 灯常亮
	动力蓄电池故障警示灯	当动力蓄电池发生故障时,该 LED 灯常亮
	低电量提示灯	当动力蓄电池的 SOC 低时,该 LED 灯常亮,提示驾驶人需充电
	系统报警提示灯	当系统存在报警或降功率运行时,该 LED 灯常亮
	驱动电机系统故障指示灯	当驱动电机系统出现故障,不能正常工作时,该 LED 常亮

续上表

指示或警告灯	名 称	功能及含义
READY	车辆准备就绪指示灯	只有该灯亮时,车辆才可以正常行驶,且驾驶过程中常亮 注意:有些车辆也用 OK 灯
	驱动电机及控制器过热报警灯	当驱动电机或电机控制器过热时,该 LED 灯常亮
	驱动电机故障警示灯	当驱动电机系统故障时,该 LED 灯常亮
	外接充电指示灯	当车辆外接充电手柄连接或者正在充电时,该 LED 灯常亮
	低压供电系统故障警示灯	该故障灯亮起时说明可能辅助蓄电池或者低压供电系统存在故障

9. 故障诊断时指示或警告灯的使用思路:当新能源汽车出现警告灯点亮的情况后,可以遵循以下原则执行相应的检查,包括一看、二查和三清。

(1)一看:看仪表上显示的故障灯,定位故障原因。

(2)二查:查故障码和系统状态,找到故障原因。

(3)三清:排除故障,问题解决以后,通过诊断仪重新清除故障码,从而消除仪表上的警告灯。

10. 针对仪表中出现多个故障警示灯时,通常可以按图 2-3-6 所示优先级的顺序从高到低进行诊断。

图 2-3-6 仪表故障警示灯优先级

11. 针对上电以后整车无故障,但又不能进入起动模式的情况,需要先确认变速器挡位是否在空挡,如不在空挡,请退回空挡以后再尝试起动。

12. 针对整车无故障,动力性能减弱的情况,需要注意电量低提示灯是否点亮,如亮,请及时充电。

13. 针对蓄电池充满电以后,蓄电池不能连接,蓄电池切断指示灯亮,需要查看外接充电线是否拔掉,外接充电线连接时整车不能行驶。

14. 点火钥匙打到 ON 挡后,仪表所有灯不亮,或闪烁,或比较暗的诊断方法:

(1)仪表灯不亮:检查辅助蓄电池的端子是否被拔掉,若被拔掉,请连接后再试;若辅助蓄电池连接仪表灯不亮,说明辅助蓄电池严重亏电,需更换辅助蓄电池。

(2)仪表灯闪烁或者比较暗:说明辅助蓄电池亏电,需要及时对辅助蓄电池充电或者更换。

15. 不更换辅助蓄电池的解决方法:在动力蓄电池电量良好并且充电线断开的情况下,可以通过搭铁线将动力蓄电池与有电的辅助蓄电池连接,钥匙拧至Ⅱ挡位置使高压继电器吸合,DC/DC 转换器开始工作以后,即可断开搭铁线连接。在操作过程中,请注意安全,正负极不要反接或短接。另外有些车辆需要起动以后,DC/DC 转换器才会对辅助蓄电池进行充电。因此需要判断 DC/DC 转换器是否工作,有两个要素,一是仪表 LED 灯指示辅助蓄电池电流为负值;二是通过电压表测试辅助蓄电池两端的电压大于 13V。

16. 辅助蓄电池故障灯常亮故障的可能原因有：

(1)由于存放时间过长或者过量使用辅助蓄电池导致辅助蓄电池电压较低。

(2)DC/DC 转换器故障,不能给辅助蓄电池充电。

(3)DC/DC 转换器熔断丝熔断,辅助蓄电池上方的熔断丝熔断。

(4)连接 DC/DC 转换器至辅助蓄电池端的线束有问题。

17. 动力蓄电池故障灯常亮,整车不能起动故障的可能原因有：

(1)高压动力蓄电池系统(BMS)故障。

(2)高压动力蓄电池本体单体存在故障。

18. 系统故障灯常亮或者闪烁,整车不能起动故障的可能原因有：

(1)整车控制器 VCU 严重故障。

(2)整车 CAN 通信存在短路或断路故障。

(3)制动真空压力传感器异常。

(4)高压系统(蓄电池、电机、压缩机、整车控制器)互锁系统故障。

(5)冷却风扇驱动故障。

(6)逆变器驱动或继电器驱动故障。

(7)加速踏板故障。

(8)压缩机或电动车用陶瓷加热器(Positive Temperature Coeficient,简称 PTC)驱动故障。

(9)电机转矩监控故障。

(10)低压供电系统主继电器驱动故障。

19. 系统故障灯和动力蓄电池故障灯不亮,动力蓄电池断开指示灯亮,这种情况属于高压供电系统回路不能建立,整车不可以行驶,此情况的可能原因有：

(1)高压供电系统继电器盒内熔断丝烧断。

(2)高压供电系统继电器(正极、负极、预充电)控制线束有问题。

(3)继电器本身损坏。

(4)预充电阻失效。

20. 驱动系统报警灯常亮,这种情况属于蓄电池断开,导致驱动系统失效,此情况可能的原因有：

(1)电机系统故障。

(2)电机控制器故障。

21. 在对车辆维修工作之前,都要确保"READY"指示灯是熄灭的,故应关闭点火开关,并把车钥匙取下来。

22. 对新能源汽车进行诊断、维修、处理损坏车辆、进行事故恢复或急救工作时,必须首先禁用高电压供电系统,具体方法如下：

(1)变速器挡位开关置于 P 挡位置,驻车制动,拔下钥匙。

(2)断开辅助蓄电池负极端子。

(3)戴上绝缘手套,拆下维修开关,将维修开关用绝缘胶布贴封起来,隔离外露区域与高压系统的接线端或连接器。

(4)断开维修开关后,在开始检查前等待5min,使用万用表检测需要维修的高电压系统输入与输出线路的每一个相位电压,读数必须小于规定值(一般小于3V)。

23. 新能源汽车故障诊断与维修基本步骤:

(1)第一步:初步判断故障前行驶状况、故障时车辆状况及对相关信息进行分析。新能源汽车在故障状态下均会进入失效保护模式,虽然不同的汽车制造厂商设计的失效保护模式不一定相同,但是主要的动力驱动系统模式却很相似。

(2)第二步:采用车辆故障诊断仪诊断汽车故障时,检查并记录系统中所有的故障码,确认高电压供电系统存在的故障码,并将故障信息码优先排序。

(3)第三步:检查并记录每一个系统,并检查历史记录数据。因为历史记录数据可以被用作故障再现试验,因为它知道在故障被检测到时行驶和操作的状态。目前大多数故障诊断仪的故障码读取系统界面中,会在故障码后显示故障码出现的优先顺序,提示检车诊断维修人员排查故障正确顺序。

(4)第四步:在分析故障码时,需要区分与故障不关联的故障码。

(5)第五步:主动测试功能应用。主动测试主要用于对新能源车辆进行故障检查,并使车辆保持特定的运行状态。

24. 诊断与维修后检验方法:

(1)第一步:将点火开关置于OFF位置。注意:进行修理后,部分故障诊断码需要点火开关先置于OFF位置,再置于ON位置后,才可使用故障诊断仪清除故障码。

(2)第二步:安装所有诊断时拆下或更换的部件或连接器。

(3)第三步:在拆下或更换部件或模块时,可能还需重新进行程序的设定。

(4)第四步:将点火开关置于ON位置。

(5)第五步:清除故障码。

(6)第六步:将点火开关置于OFF位置持续60s。

(7)第七步:如果修理与故障码有关,则再现运行故障码的条件并使用"冻结故障状态"功能,以便确认不再设置故障码。

考试模拟题

一、是非判断题

1. 当ABS进行制动力调节时,制动能量回收可以工作。　　　　　　　　　　　　(×)

2. 制动力分配是制动能量回收控制策略中最为核心的部分。　　　　　　　　　　(√)

3. 制动信号丢失情况下，车辆可以正常起动。　　　　　　　　　　　　　　（×）
4. 非制动信号故障时，车辆能够起动，但起动后动力停止输出。　　　　　（√）
5. 加速踏板位置传感器的信号输入到整车控制器。　　　　　　　　　　　（√）
6. 制动踏板位置传感器的信号输入到电机控制器。　　　　　　　　　　　（×）
7. 新能源汽车中，由动力蓄电池为整车控制器、电机控制器和部分辅助部件供电。（×）
8. 新能源汽车的高压电气系统由动力蓄电池、驱动电机及控制器、空调压缩机及控制器、功率变换器等组成。　　　　　　　　　　　　　　　　　　　　　　　（√）
9. 新能源汽车 CAN 总线中传输的命令类信息主要是发送一些命令，如传感器信号、诊断信息、系统的状态。　　　　　　　　　　　　　　　　　　　　　　　（×）
10. 整车控制器承担数据交换与控制、安全管理和能量分配的任务。　　　（√）
11. 如果在主动测试中运行正常，则可以判断从 ECU 至执行器的电路正常。（√）
12. 高速 CAN 总线接口模块用于提供高速 CAN 总线接口，其一端直接与微控制器相连，另一端与系统高速 CAN 总线相接。　　　　　　　　　　　　　　　　　（×）
13. 制动踏板用于为驱动系统提供电机负荷的输入信号，并控制制动能量回收功能。（×）
14. 动力蓄电池的 SOC 为 96% 时，可以接受回馈电流。　　　　　　　　（×）
15. 新能源汽车的基本诊断策略中，第一步是理解并确认客户报修问题。　（√）
16. 如果控制系统记忆当前故障码，则按照当前的故障码诊断以进行有效的维修。（√）
17. 仪表灯闪烁或变暗，说明仪表坏了，需要更换。　　　　　　　　　　　（×）
18. 对新能源汽车进行诊断、维修等工作时，必须首先禁用高电压供电系统。（√）

二、单项选择题

1. 整车控制器一般安装在（A）。
   A. 乘客舱前排座椅中间　　　　　B. 行李舱
   C. 前机舱　　　　　　　　　　　D. 底盘左后位置

2. 挡位传感器信号提供给（A）模块。
   A. 整车控制器　　　　　　　　　B. 电机控制器
   C. 漏电传感器　　　　　　　　　D. DC/DC 转换器

3. 一般新能源汽车在 CAN 数据总线终端电阻的阻值为（C）。
   A. 60Ω　　　　B. 100Ω　　　　C. 120Ω　　　　D. 150Ω

4. 整车上下电控制策略中（A）可以中断退出。
   A. 上电　　　　B. 下电　　　　C. 两者皆可　　D. 两者皆不可

5. 制动力分配直接关系到汽车制动能量回收和（C）。
   A. 制动距离　　B. 制动时间　　C. 制动效能　　D. 制动速度

6. 制动踏板位置传感器信号提供给（A）模块。
   A. 整车控制器　　　　　　　　　B. 电机控制器
   C. 漏电传感器　　　　　　　　　D. DC/DC 转换器

7. 整车控制系统中最底层是执行层，由（A）和一些执行单元组成。
   A. 各部件控制器　B. 整车控制器　C. 驾驶员　　　D. 自动驾驶仪

8. 在整车控制器的硬件中,(B)用于采集加速踏板和制动踏板的信号,并输送给微控制器。
　　A. 开关量调理模块　　　　　　　　B. 模拟量调理模块
　　C. 继电器驱动模块　　　　　　　　D. CAN 接口模块
9. 在整车控制器的硬件中,属于核心的是(A)模块。
　　A. 微控制器　　　B. 开关量调理　　　C. 模拟量调理　　　D. 继电器驱动
10. 在蓄电池的 SOC 值比较低的时候,整车控制器将对某些电动附件发出指令,限制电动附件的输出功率,来增加续驶里程,这是整车控制器的(C)功能。
　　A. 制动能量回收　　B. 车辆状态监测　　C. 能量管理和优化　　D. 整车的网络化管理
11. 诊断新能源汽车故障的第一步是(A)。
　　A. 检查并确认故障描述　　　　　　B. 使用诊断仪读取故障码
　　C. 检查车辆外观　　　　　　　　　D. 了解故障的原因
12. 诊断新能源汽车故障的最后一步是(C)。
　　A. 维修故障　　　B. 清除故障码　　　C. 修理后检验　　　D. 找出故障位置
13. 起动车辆,"READY"指示灯点亮表明(A)。
　　A. 发动机已正常起动　　　　　　　B. 车辆动力系统准备就绪
　　C. 挡位位于 D 挡　　　　　　　　D. 车辆有故障

三、多项选择题

1. 整车控制系统通常包含(ABC)。
　　A. 整车网络控制系统　　　　　　　B. 低压电气系统
　　C. 高压电气系统　　　　　　　　　D. 信息显示系统
2. 以下关于分布式整车控制系统描述正确的有(BD)。
　　A. 整车控制器独自完成对输入信号的采集、分析处理、及向各执行机构发出控制指令
　　B. 分布式控制系统的优点是模块化和复杂度低
　　C. 分布式控制系统的优点是处理集中、响应快和成本低
　　D. 分布式控制系统的缺点是成本相对较高
3. 整车上下电控制的原则包括(ABCD)。
　　A. 先上低压电　　B. 后上高压电　　C. 先下高压电　　D. 后下低压电
4. 当整车控制器监测到车辆发生二级严重故障时,则(AC)。
　　A. 20A 放电电流限功率　　　　　　B. 限功率<7kW
　　C. 电机零转矩　　　　　　　　　　D. 进入跛行工况
5. 车辆自诊断系统主要完成对车辆的(AC)的状态进行实时监测。
　　A. 电气传感器　　B. 机械故障　　　C. 控制模块　　　D. 线束连接情况
6. 动力蓄电池不能正常给系统供电的原因有(AB)。
　　A. 高压蓄电池系统(BMS)故障
　　B. 高压动力蓄电池堆中单体蓄电池存在故障
　　C. 12V 蓄电池电量不足
　　D. 制动液不足

第四章

高压供电系统的原理与维修诊断

第一节　高压供电系统的组成与原理

（本节适用于检测维修士）

1. 新能源汽车中高压供电系统的功能是确保整车动力电能的传输，并随时检测整个高压供电系统的绝缘故障、断路故障、搭铁故障等，是确保整车设备和人员安全的首要任务，也是新能源汽车产业化的关键技术之一。

2. 高压供电系统是指：新能源汽车内部 B 级电压以上与动力蓄电池高压母线相连或由动力蓄电池电源驱动的高压驱动零部件系统，主要包括但不限于：动力蓄电池系统、高压配电系统（高压继电器、熔断器、电阻器、维修开关等）、驱动电机及其控制器系统、DC/DC 变换器和车载充电机等。高压供电系统组成如图 2-4-1 所示。

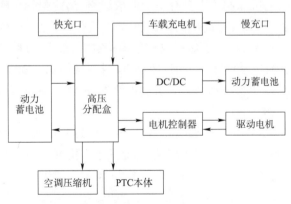

图 2-4-1　高压供电系统组成框图

3. 新能源汽车高压部件安装位置的特点：一是高压部件主要集中在整体式车身的外部；二是高压部件都具有明显的橙色标识，或者在部件的醒目位置粘贴有高压标识。

4. 除了少数的混合动力汽车动力蓄电池安装在车辆后部位置外，大多数新能源汽车动力蓄电池、逆变器等都布置在乘客舱外部，而且高压导线也是沿着底盘外布置的。

5. 新能源汽车的高电压系统均同时具有直流高压和交流高压。

6.新能源汽车的主要高电压部件集中在动力蓄电池组、高压导线、高压电分配单元、用于驱动的逆变器、高压压缩机,以及高压 PTC 加热器。

7.新能源汽车上的高电压并不是持续存在的,除了动力蓄电池会持续存在高电压外,其他的系统或部件只有在运行的时候才具有高电压。

8.充电系统部件仅在车辆充电期间存在高电压,这包括来自外部电网的 220V 交流高压,以及车载充电机与动力蓄电池之间的直流高压。

9.逆变器、高压压缩机、PTC 加热器以及 DC/DC 转换器部件只有在系统运行时,来自动力蓄电池的高电压才会加载到这些部件上。

第二节　高压供电系统安全防护认知

(16~30、36~45 条适用于检测维修工程师,其他适用于检测维修士)

1.新能源汽车对高压供电系统安全防护,针对功率失效、高压部件安全等方面所做的防范工作主要有:电源极性反转防护、主动泄放、被动泄放、高压互锁、开盖检测、碰撞保护、直接触摸保护、间接触摸保护、电位隔离、绝缘监控、过载电流保护装置、高电压切断装置等。

2.电源极性反接保护。当因我们出现的不当操作或其他原因导致的高压产品的供电电压极性反转时,驱动电机控制器、DC/DC 变换器、动力蓄电池管理器均可保护自己不被烧坏。当此极性反转的电压去除后,这些电控产品能够正常工作。

3.主动泄放。驱动电机控制器中含有主动泄放回路,当检测到车辆发生较大碰撞、高压回路某处插接器已经脱开,或者有高压的高压电控产品有开盖情况,可在 5s 内将高压回路的高压母线电压泄放到 60V 以下,迅速释放较危险的电能,最大限度保证人员安全。

4.被动泄放。在含有主动泄放的同时,驱动电机控制器、空调驱动控制器等内部含有高压的高压电控产品同时设计有被动泄放回路,可在 2min 内将高压母线电压泄放到 60V 以下,被动泄放为主动泄放的二重保护。

5.高压互锁。高压互锁回路(Hazardous Voltage Interlock Loop,简称 HVIL),也叫危险电压互锁回路,是指通过使用低压信号来检查新能源汽车上所有与高压母线相连的各分路,包括整个蓄电池系统、导线、连接器、DC/DC、电机控制器、高压配电盒及保护盖等系统回路的电气连接完整性(连续性)。

6.开盖检测。高压电控产品具有开盖检测功能,当发现重要高压电控产品的盖子在整车高压回路连通的情况下打开时,会立即进行报警,同时断开高压主回路电气连接,同时激活主动泄放。

7.碰撞保护。当发生严重碰撞时,高压车载系统会自动关闭高压车载电气系统,同时断开充电回路。

8.直接触摸保护。壳体、盖板、防护板、高电压导线绝缘,防止触摸带电。确保可在运行中访问带电部件的盖板和壳体仅能通过复杂的拆卸才能接触到。

9. 间接触摸保护。高压电网中壳体和盖板与底盘连接,最大接触电阻为20MΩ。

10. 电位隔离。高压电网与底盘搭铁和12V车载电气系统的正极之间进行绝缘。

11. 绝缘监控。高压电网和底盘搭铁以及12V车载电气系统之间的绝缘监控和在识别到绝缘故障时,关闭高电压车载电气系统直至车辆停止行驶。

12. 过载电流保护装置。当出现过流过载时,必须保护高压电缆以免损坏。在最短的时间内采取保护性切断或者熔丝熔断。

13. 高电压切断装置。电源断开后,必须根据当前有效的信息确定高电压车载电气系统已锁上,以防止重新接通,高电压自动断开。

14. 安全防护标志。明确统一的标志是保证用电安全的一项重要措施,具体要求如下:

(1)红色:用来表示禁止、停止和消防,如信号灯、信号旗、机器上的紧急停机按钮等都是用红色来表示"禁止"的信息。

(2)黄色:用来表示注意危险。如"当心触点""注意安全"等。

(3)绿色:用来表示安全无事。如"在此工作""已搭铁"等。

(4)蓝色:用来表示强制执行,如"必须戴安全帽"等。

(5)黑色:用来表示图像、文字符号和警告标志的几何图形。

15. 高压工位要求:维修车间内配备有高压装置的车辆,必须做上标识。使用专用的警示标牌,工作区必须防止其他人员进入。避免他人未经允许进入高电压工位而发生危险,工作环境必须清洁、干燥、通风良好,且不会接触到飞溅的火星,要避免与车辆维修工位过近。

16. 高压互锁包括结构互锁、功能互锁和软件互锁:

(1)结构互锁控制。主要高压插接器均带有互锁回路,当某个插接器被带电断开时,动力蓄电池管理便会检测到高压互锁回路存在断路,为了保护人员的安全,将立即进行报警并断开主高压回路电气连接,同时激活主动泄放。结构互锁示意图如图2-4-2所示。

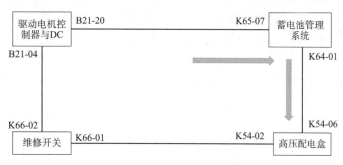

图2-4-2 结构互锁示意图

(2)功能互锁控制。当车辆进行充电或者插上充电枪时,高压电控系统会限制整车驱动系统进行驱动,以防止可能发生的线束拖拽或安全事故。功能互锁示意图如图2-4-3所示。

图2-4-3 功能互锁示意图

(3)软件互锁控制。正常高压供电系统上电后,如果PTC或电动压缩机检测到高压侧电压异常,空调系统会将高压异常通过CAN发给BMS,报出高压互锁故障。

17. 在新能源汽车上设计高压互锁的目的主要有以下几点:

(1)整车在高压供电系统上电前须确保整个高压供电系统的完整性,使高压电始终处于一个封闭环境下工作以提高安全性;

(2)当整车在运行过程中,高压供电系统回路断开或者完整性受到破坏的时候,需要立即起动防护功能;

(3)防止带电插拔高压插接器时,给高压端子造成的拉弧损坏。

18. 在新能源汽车制造领域,涉及生产制造和安全性的多项国家标准中,都强制性要求新能源汽车必须设计安全互锁功能,以保障乘客和车辆的安全。

19. 带有高压互锁功能的高压插接器的特点是有一个双线的小插接器和插座。

20. 高压插接器中,高压电源的正/负极端子和中间互锁端子的物理长度不一样,当要连接高压插接器时,高压插接器的电源正/负极端子先于中间互锁端子连接好;当要断开高压插接器时,高压插接器的中间互锁端子先于高压插接器中的电源正负极端子脱开。这样的设计也避免了拉弧的产生。高压插接器结构示意图如图2-4-4所示。

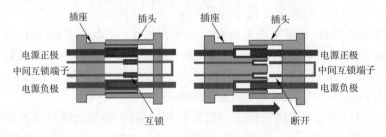

图2-4-4 高压插接器结构示意图

21. 高压互锁回路内还包括用于监测高压部件盖板是否可靠关闭的行程开关(开盖保护开关)。信号线将所有高压器件上的监测点全部串联起来,组成一条监测信号回路,即互锁信号回路。高压回路内某一个部位没有连接好,互锁信号送入整车控制器内,整车控制器断开动力蓄电池对外供电。

22. 高压互锁回路中还可以引入车辆碰撞和翻转信号。当整车发生碰撞(侧翻转)时,安全气囊碰撞(侧翻)传感器发出信号,触发断电信号,整车控制器使高压电源在毫米级时间内断开,并利用高压系统余电放电电路将汽车高压部件电容端的电压在很短时间内放掉,避免火灾或漏电事故引起的人员触电事故的发生,以保障安全。

23. 高压互锁回路可以分为两部分。

(1)第一部分是VCU+(12V)→电阻→压缩机→车载充电机→高压配电盒中的低压插件→盒盖开关→快充高压插件→电机控制器与高压配电盒之间的高压直流电缆(高压配电盒高压侧)→动力蓄电池与高压配电盒高压之间的高压母线(高压配电盒高压侧)→DC/DC→PTC本体→搭铁,它们构成完整的回路,VCU通过电阻下端的电压信号,来判断该回路的互锁情况。如图2-4-5所示。

(2)第二部分是维修开关与动力蓄电池的互锁回路(BMS检测该互锁)、动力蓄电池与高压配电盒高压之间的高压母线(动力蓄电池侧)互锁回路(BMS检测该互锁)和U、V、W高压插件互锁回路(控制电路检测该互锁),并通过CAN总线将信号上报给VCU。

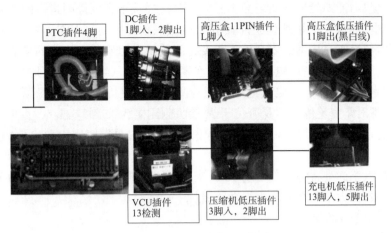

图2-4-5 高压互锁连接图

24.高压附件互锁接线原理:当其中某个插接器被带电断开时,动力蓄电池管理器便会检测到高压互锁回路存在断路,为保护人员安全,将立即进行报警并断开主高压回路电器连接,同时激活主动泄放。

25.高压互锁故障现象:整车报高压故障,各高压部件互锁,驱动电机不上电。

26.高压互锁回路进行检修时,用万用表欧姆挡分别检测维修开关的互锁回路、动力蓄电池与高压配电盒之间的高压母线(动力蓄电池侧)的互锁回路(线束侧)和U、V、W高压插件的互锁回路(线束侧),电阻应小于1Ω。如果大于1Ω,则更换相关部件。

27.高压互锁故障维修思路:

(1)首先要确认故障是偶发性故障还是一直存在的故障,偶发性故障一般是线束接插不良,可以在测量导通性时逐个轻微晃动高压互锁插接器,寻找故障点。

(2)高压配电盒上有7个互锁插接器,包括动力蓄电池输入正、动力蓄电池输入负、驱动电机控制器与DC总成正、驱动电机控制器与DC总成负、车载充电机输入、输出至空调配电盒、高压配电盒开盖检测。这些插接器插上后互锁针脚是串联状态,通过测量各插接器上针脚间的导通性即可确认高压配电盒的互锁是否正常。若检测阻值小于1Ω,则此处高压各个线路相通;否则为断开,应检查高压及低压互锁针脚是否有退针现象。

28.新能源汽车常见的高压互锁故障主要有以下几个方面,应检查相应部位问题:

(1)PTC、DC/DC、高压配电盒、车载充电机、空调压缩机、PTC等高低压插接器未插或未装配到位;

(2)高压插接器互锁端子有缺失或退针现象;

(3)高压配电盒盖开关端子损坏;

(4)如果辅助蓄电池正负极安装不够紧固,也会发生高压互锁的情况,其现象是全车没电。

29.根据新能源汽车安全性能相关国家标准,以下3种情况都会立即起动高压互锁:

(1)当PTC、DC/DC、高压配电盒、车载充电机、空调压缩机等高低压插接器未插或未插到位;

(2)当整车在运行过程中,只要高压系统回路断开或者完整性受到破坏的时候,就会立即起动安全保护功能;

(3)在整车维护过程中,为防止带电插拔高压插接器,给高压端子造成的拉弧损坏。

30. 根据北汽新能源给出的故障数据,插件退针、插接不到位等因素占此类故障的70%,高压部件内部电气故障(如熔断丝断开)约占20%,其他原因约占10%。

31. 对新能源汽车高压维修安全检查主要是指绝缘电阻检测和电流的检测。

32. 绝缘电阻的检测:高压电气系统相对车辆底盘的电气绝缘性能实时检测是新能源汽车电气安全技术的核心内容。电气绝缘性能检测时需要使用专用的绝缘测试仪器,测量高压电缆及零部件对车身绝缘电阻是否位于规定值范围内。

33. 电流的检测:在不破坏和拆装高压线束的情况下,通常使用钳形电流表对高压线束电流进行检测。

34. 新能源汽车标准将绝缘等级分为3等:低于100Ω/V为绝缘等级差;100~500Ω/V之间为绝缘等级良;大于500Ω/V为绝缘等级优。

35. 高压系统绝缘性能要求:

(1)动力蓄电池:正、负极对车身搭铁绝缘阻值≥20MΩ。

(2)车载充电机:高压输入端、输出端对外壳(车身搭铁)绝缘阻值≥20MΩ。

(3)电机控制器、驱动电机:高压输入端、输出端对外壳(车身搭铁)绝缘阻值≥20MΩ。

(4)空调压缩机:高压输入端对外壳(车身搭铁)绝缘阻值≥20MΩ。

(5)PTC:高压输入端对外壳(车身搭铁)绝缘阻值≥20MΩ。

(6)交流充电口:L、N对PE的绝缘阻值≥20MΩ。

(7)直流充电口:DC-、DC+对PE的绝缘阻值≥20MΩ。

36. 绝缘故障报警。蓄电池管理器承担绝缘故障检测功能,当检测到高压供电系统的绝缘电阻值不满足安全要求时,蓄电池管理控制器将对应的绝缘故障码上报给上位机,整车上则由组合仪表来进行故障显示和故障灯报警,必须马上进行故障排查,以免出现人身安全事故。绝缘监测回路工作原理如图2-4-6所示。

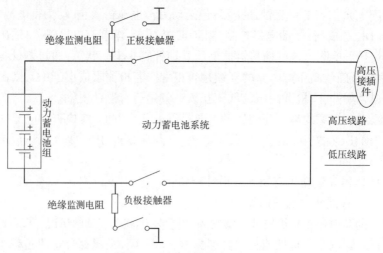

图2-4-6 绝缘监测回路工作原理

37. 绝缘故障排查步骤:

(1)使用诊断仪读取车辆故障码,确认发生绝缘故障的部件。

(2)维修前操作人员按规定穿戴好防护用具,检查工具的绝缘性。

(3)整车下电,断开辅助蓄电池负极接口,断开维修开关,断开高压母线。

(4)等待 5min 或更久直至部件内电压≤5V。

(5)使用高压绝缘检测仪或兆欧表测量部件高压输入端、输出端对外壳(车身搭铁)的电阻值。

38.高电压车辆安全的首要条件就是防止高电压系统与车身存在漏电。新能源汽车的高电压系统采用漏电传感器来监测高电压电路是否存在与车身之间的漏电情况,如果发生漏电,系统将自动切断高电压继电器,避免更大的事故发生。

39.漏电传感器一般安装在车身后围搁物板前的加强横梁上,用于对新能源汽车高压母线与其外壳、车身底盘之间的绝缘阻抗检测。通常检测与动力蓄电池输出相连接的负极高压母线与车身底盘之间的绝缘电阻 R,来判断动力蓄电池的漏电程度。判断标准为:

(1)$R>500\Omega/V$,正常;

(2)$100\Omega/V<R\leq500\Omega/V$,一般漏电;

(3)$R\leq100\Omega/V$,严重漏电。

40.当高压系统漏电时,漏电传感器发出一个信号给 BMS,BMS 接到漏电信号后,会根据漏电情况立即将车辆仪表内动力系统故障指示灯点亮或者控制立即断开高压系统,防止高压漏电,造成人或者是物品的伤害和损失。

41.电源正负极引线将通过绝缘层和底盘构成漏电流回路。当高压电路和底盘之间发生多点绝缘性能下降时,还会导致漏电回路的热积累效应,可能造成车辆的电气火灾。

42.高电压系统漏电故障分为两种:一是高电压电路与车身存在漏电;二是漏电传感器系统本身故障。

43.高电压电路漏电诊断。高电压电路导线漏电主要是绝缘效果降低导致的,因此漏电故障的诊断主要是检查线路对车身以及两线之间的绝缘电阻值。

44.使用高压绝缘测试仪分别测量导线对车身的电阻,应符合以下要求:

(1)测量正极导线对车身电阻(测量电压 1000V),标准电阻在 50MΩ 以上。

(2)测量负极导线对车身电阻(测量电压 1000V),标准电阻在 50MΩ 以上。

(3)测量两线之间电阻(测量电压 1000V),标准电阻在 50MΩ 以上。

45.漏电传感器的检测步骤:

(1)检查 12V 蓄电池电压及整车低压线束供电是否正常。标准电压值:11~14V。如果电压值低于 11V,需要更换 12V 蓄电池或检查整车低压线束。

(2)在关闭点火开关的状态下,断开漏电传感器连接器。测量漏电传感器供电电压,标准值在 9~16V;测量漏电传感器搭铁电阻,标准值在 0.2Ω 以下;不在以上范围的,需要继续检查传感器本身或连接电路。

(3)使用诊断仪在电源管理器模块内读取漏电传感器数值,不能正常读取的,需要更换新的漏电传感器。

46.维修开关是新能源汽车高压电气系统的安全保护元件,是维护、修理新能源汽车时,高压回路必须断开的安全防护手动开关元件。

47.新能源汽车的维修开关一般放在驾驶室内中间扶手箱内,也称为手动维修开关,是一种"为了保护在高压环境下维修新能源汽车的技术人员安全或应变某些突发的事件,可以快速分离高压电路的连接,使维修等工作处于一种较为安全的状态"的应急救援必备的断开装置。

48. 维修开关与车辆钥匙的区别是,维修开关直接关断的是动力蓄电池输出的高压线束,断开维修开关,同时也意味着在维修开关端口存在着电压。

49. 维修开关是一种带熔断器的高压插接器,新能源汽车做车辆检修时为了确保人车安全,通过拔出维修开关将高压供电系统的电源断开。它可以实现高压供电系统的电气隔离,同时也可以起到短路保护的作用。

50. 维修开关电气部位布置一般有两种,一种是位于高压电源的正极,另一种是位于蓄电池组中间。使用维修开关无须工具即可便捷断开高压回路,内有高压互锁功能,是重要的安全防护部件,维修开关的可靠性显然会影响整车及维修人员的安全,需要进行完善的性能测试。

51. 维修开关的拆卸过程:
(1) 用内饰拆卸工具松开前机舱内中央扶手面板。
(2) 抬开控制面板,取出杯托底部减振垫,取出杯托面板。
(3) 掀起维修开关上部的盖板。
(4) 按住维修开关卡扣,微微向上掀起维修开关把手,垂直向上拿出,拆下维修开关。
(5) 等待 5min,使驱动电机控制器内的高压电容中的电荷被完全释放。

第三节　高压配电系统组成与检修

(本节适用于检测维修士)

1. 高压配电系统是将动力蓄电池的高压电分配给电机控制器、驱动电机、电动空调压缩机、PTC 加热器、DC/DC 等高压用电设备。同时将交流、直流充电接口高压充电电流分配给动力蓄电池,以便为动力蓄电池充电。

2. 一般高压配电系统由高压配电盒(有些车型也称之为高压配电单元、高压控制盒、高压电器盒、分线盒等)、直流充电接口、交流充电接口、高压配电线束、电动空调压缩机线束、PTC 加热器线束、电机三相线等组成。

3. 高压配电盒(Power Distribution Unit,简称 PDU),是由很多高压继电器,高压熔断器组成,能够对整车高压配电进行管理,实现对各路输出分别进行控制,对高压安全进行管理,有过流、过压、过温保护及切断功能,供电回路包括空调回路、PTC 回路、DC/DC 转换器回路、慢充回路、快充回路、预充回路等。

4. 高压配电盒将动力蓄电池总成输送的电能分配给驱动电机控制器、空调压缩机和 PTC 加热器。交流慢充时,充电电流也会经过高压配电盒流入动力蓄电池为其充电。

5. 高压配电盒内对电动压缩机回路、PTC 加热器回路、交流慢充回路各设有一个 30A 的熔断器。当上述回路电流超过 90A 时,熔断器会在 15s 内熔断;当回路电流超过 150A 时,熔断器会在1s内熔断,保护相关回路。

6. 高压配电盒内部包含的熔断器有:PTC熔断器、空调压缩机熔断器、DC/DC熔断器、车载充电机熔断器。

7. 高压配电盒的主要功能包括:

(1)高压直流输出功能:通过蓄电池管理器控制预充继电器、主继电器等吸合,使放电回路导通,为前、后电机控制器、空调负载供电。

(2)车载充电机单相充电输入功能:通过动力蓄电池管理器控制车载充电继电器吸合,使车载充电机充电回路导通,为动力蓄电池充电。

(3)电流采样功能:通过霍尔电流传感器采集动力蓄电池正极母线中的电流,为动力蓄电池管理器提供电流信号。

(4)高压互锁功能:通过低压信号确认整个高压系统盖子及高压插接器已经完全连接。一般设计为3个相互独立的高压互锁系统:驱动系统(串接开盖检测)、空调系统、充电系统。

8. 车辆行驶时能量消耗路线:电流从动力蓄电池依次经过,高压母线、高压配电盒、电机控制器高压线、电机控制器、电机三相线到达驱动电机,产生驱动力。制动/滑行能量回收传递路线:与行驶时能量传递路线相反。

9. 直流充电接口能接收直流充电桩的电能,并通过高压线束将电能输送给动力蓄电池总成,为其充电。

10. 交流充电接口能接收交流充电桩的电能,并通过高压线束将电能输送给车载充电机,车载充电机将交流电转化成直流电再传递给高压配电盒,高压配电盒经过高压母线将直流电传递到动力蓄电池,为其充电。

11. 高压电控总成主要包含:车载充电模块(交流充电时AC/DC转换)、高压配电模块、DC/DC转换器模块、漏电传感器、电机控制器模块。

(1)车载充电模块:主要功用直流和交流充电控制。

(2)高压配电模块:高压配电模块是整车高压电配电装置,实现电源分配、接通、断开。

(3)DC/DC转换器模块:DC/DC转换器将蓄电池组633.6V直流电转换成9~14V直流电,提供给低压辅助蓄电池。

(4)漏电传感器:用于对新能源汽车高压母线与其外壳、车身底盘之间的绝缘阻抗检测。

(5)电机控制器模块:接收蓄电池输送过来的直流电能,逆变成三相交流电给驱动电机提供电源。

12. 高压配电盒的拆卸步骤如下:

(1)在后座椅上铺翼子板护垫。断开辅助蓄电池负极,断开维修开关。

(2)拆下后排座椅坐垫左右两侧固定螺栓。

(3)掀开后排座椅坐垫前方左右两侧固定卡钩,取出后排座椅坐垫。

(4)取出行李舱盖板,取出随车工具。

(5)拆卸高压配电盒保护盖的固定螺栓。

(6)取下左右两侧后排座椅转轴支架护罩。

(7)拉下座椅左右两侧固定导索。

(8)拆下后排座椅转轴支架螺栓。

(9)将后排座椅靠垫搬出驾驶室。

(10)挑开与高压配电盒盖板相连接的安全气囊线束。

(11)掀开高压配电盒盖板,拔下遥控器天线插接器,取出高压配电盒盖板。

(12)拉出限位销,拔出动力蓄电池高压母线负极,拉出限位销,拔出动力蓄电池高压母线正极,并等待一段时间,使高压线路中的电能完全释放。

(13)拔下驱动电机控制器高压母线正极,再拔下驱动电机控制器高压母线负极。

(14)拔下车载充电机充电线。

(15)拔下低压控制线束插接器。

(16)拔下漏电传感器高压负极插接器。

(17)拔下DC/DC转换器、空调控制器高压插接器。

(18)拆下高压配电盒的固定螺栓。

(19)取下高压配电盒。

13.高压配电盒的安装步骤如下:

(1)将高压配电盒抬入驾驶室,安装到指定位置。

(2)安装固定螺栓。

(3)安装DC/DC转换器、空调控制器插接器。

(4)安装漏电传感器高压负极插接器。

(5)安装电机控制器高压母线负极插接器,插入限位销。

(6)安装低压线束插接器。

(7)安装车载充电机充电线,并锁紧。

(8)安装电机控制器高压母线正极插接器,插入限位销。

(9)拉出限位销,拔出动力蓄电池高压母线负极,插入限位销;拉出限位销,拔出动力蓄电池高压母线正极,插入限位销。

(10)安装高压配电盒保护盖,将盖板固定到后排座椅支架下方的两个螺丝杆上。

(11)安装保护盖前部螺母,安装遥控器天线插接器,紧固保护盖后部螺母。

(12)安装安全气囊线束固定卡扣,紧固保护盖前部螺母。

(13)将后排座椅坐垫放入车内;整理好安全带,将安全带插接器插入后排座椅的孔内;安装后排座椅坐垫,紧固螺钉。

(14)将后排座椅靠垫固定在后排座椅支架上,安装后排座椅支架的固定螺栓。

(15)用力推后排座椅靠垫,将后排座椅靠垫固定在支柱上。

(16)安装后排座椅转轴支架护罩。

(17)放好随车工具,安装行李舱盖板,关闭行李舱。

(18)安装维修开关。

(19)安装辅助蓄电池负极。

14.驱动电机三相线束总成拆卸程序:

(1)打开前机舱盖。

(2)断开辅助蓄电池负极电缆。

(3)车辆下电。

(4)拆卸三相线束与电机控制器线束连接器。

(5)拆卸三相线束:拆卸三条线束的固定卡扣和三相线束连接器的固定螺栓;拆卸电机线束盖板的固定螺栓,取下电机线束盖板及密封垫;拆卸三相线束的端子固定螺栓,取下三相线束。

15.驱动电机三相线束总成安装程序:

(1)放置三相线束,紧固端子固定螺栓(力矩:23N·m)。

(2)紧固三相线束连接器固定螺栓(力矩:9N·m)。

(3)放置电机线束盖板及密封垫,紧固电机线束盖板的固定螺栓(力矩:9N·m)。

(4)安装三相线束的固定卡扣。

(5)安装三相线束与电机控制器链接端子。

(6)连接高压母线与车载充电机连接器。

(7)连接三相线束与电机控制器线束连接器。

(8)连接辅助蓄电池负极,关闭机舱盖。

16.高压母线总成拆卸程序:

(1)打开前机舱盖。

(2)断开辅助蓄电池负极电缆。

(3)车辆下电。

(4)断开高压母线总成线束连接器(动力蓄电池侧)。

(5)断开高压母线总成线束连接器(充电机侧)。

(6)脱开高压母线总成固定卡扣,取下高压母线总成。

17.高压母线总成安装程序:

(1)放置高压母线总成,连接线束固定卡扣。

(2)连接高压母线总成线束连接器(车载充电机侧)。

(3)连接高压母线总成线束连接器(动力蓄电池侧)。

(4)连接辅助蓄电池负极电缆,关闭好前机舱盖。

第四节　高压线束组成与检修

(本节适用于检测维修士)

1.高压线束的作用是连接各个高压电器件,起到传递高压电源的作用。高压线束主要有快充和慢充高压线,动力蓄电池箱到高压配电盒的高压线,高压配电盒到电机控制器的高压线和电机高压线等。

2.由于新能源汽车的高压电已经大大超出人体安全电压(低于36V),车身不可像传统汽车低压(12V)系统一样作为电源负极的整车搭铁点,因此在高压线束系统的设计上,直流高压电回路必须严格执行双线制,意思是正极和负极必须是独立的高压线束连接。

3. 常规新能源汽车高压线束耐高压额定值600V,客车及大型客车的线束耐压高达1000V;高压线束耐电流要达到200~400A;高压线束耐受的温度要达到125~150℃或更高(视线束布置的位置确定)。

4. 高压插接器一般包括卡扣、锁止扣和插接器3种结构,使用的时候保证了不会插错,如果不解除锁止扣,是无法拔出的,所以一个好的插接器连接到位时都会听到卡扣锁止的声音。对于高压插接器,千万不要靠蛮力去拔插,往往起到适得其反的作用。

5. 高压插接器的插入:插入时,插头把手需处于垂直位置,以防把手未到位造成产品损坏;垂直插入后,当把手入口处内圆与侧柱接触(无法再插入),旋转把手至水平位置,此时会有一声"咯哒"响;将红色锁止扣向右推入,并与把手贴合,完成插接器插入过程。

6. 高压插接器的拔出:拔出时,将锁止扣向左推,锁止扣解锁;推动旋转把手,将把手推至与水平面垂直,用手握住卡扣的主体部分,顺势将插接器提起。

7. 新能源汽车的高压线束主要有5类,分别是:

(1)动力蓄电池箱高压线束:连接动力蓄电池到高压配电盒之间的线束。

(2)驱动电机控制器线束:连接高压配电盒到驱动电机控制器之间的线缆,一端接高压配电盒。

(3)直流充电线束:连接直流充电口到动力蓄电池之间的线束。

(4)交流充电线束:连接交流充电口到车载充电机之间的线束。

(5)高压附件线束(高压线束总成):连接高压配电盒到DC/DC转换器、车载充电机、空调压缩机、空调PTC之间的线束。

8. 高压线束的外观检查要求:车辆用高压线束需要具备耐老化、阻燃性、耐磨损等性能,高压线束如果发生损坏将会给车辆及车上人员造成安全隐患,因此,高压线束不得出现裂痕、导体暴露等故障。

9. 高压线束的导通和绝缘性能的检测方法:

(1)整车断电,断开蓄电池的负极接口,断开高压母线。

(2)将需检测绝缘的高压线束连接器拆卸下来,等待5min或更久直至高压线束内电压小于5V。

(3)使用高压绝缘检测仪或兆欧表分别检测高压线束正、负极对地电阻。

(4)标准电阻为大于或等于20MΩ。

第五节　高低压转换系统组成与检修

(11、12条适用于检测维修工程师,其他适用于检测维修士)

1. 功率变换器可分为斩波器(DC/DC)、逆变器(DC/AC)和整流器(AC/DC)几类。斩波器是将电流电压作直流→直流变换;逆变器是将电流作直流→交流变换;整流器是将电流作交流→直流变换。

2. 在动力蓄电池系统与汽车驱动系统之间加入功率变换器,使动力蓄电池系统和功率变换器共同组成电源系统对驱动系统供电,从而增强驱动系统的稳定性。

3. 新能源汽车的高低压转换系统由动力蓄电池组、DC/DC模块、辅助蓄电池等组成。

4. 高低压转换系统的工作原理:当车辆起动,动力蓄电池组完成上电后,动力蓄电池组将高压直流电通过高压配电系统输入给DC/DC模块。DC/DC模块将高压直流电转换为低压直流电,为全车低压用电设备供电,当检测到辅助蓄电池电压不足时,DC/DC模块为辅助蓄电池充电。

5. DC/DC转换器,是实现电气系统电能变换和传输的重要电气设备。DC/DC转换器是指将一个固定的直流电压变换为可变的直流电压,也称为直流斩波器。

6. DC/DC转换器控制具有加速平稳、快速响应的性能。用直流斩波器代替变阻器可节约电能20%~30%。直流斩波器不仅能起调压的作用(开关电源),同时还能起到有效地抑制电网侧谐波电流噪声的作用。DC/DC转换器是将原直流电通过调整其占空比(PWM)来控制输出的有效电压的大小。

7. DC/DC转换器一般有两种转换方式,一种是采用降压斩波电路,电路采用IGBT直接进行直流电压降压转变。另一种为直流电源转换电路即DC-AC-DC的方法使用变压器进行转换。

8. 新能源汽车上的DC/DC转换器相当于传统汽车的发电机,其功能作用是将动力蓄电池的高压直流电(320V)转换为整车低压直流电(12V),给整车低压用电系统供电,同时还给辅助蓄电池充电。

9. DC/DC转换器工作条件:高压输入范围为:DC 290~420V;低压使能输入范围为:DC 9~14V。

10. DC/DC转换器工作流程:

(1)整车ON挡上电或充电唤醒上电;

(2)动力蓄电池完成高压系统预充电流程;

(3)整车控制器发给DC/DC转换器使能信号;

(4)DC/DC转换器开始工作。

11. 判断DC/DC转换器是否工作的方法:

(1)第一步,在保证整车线束正常连接的情况下,上电前使用万用表测量辅助蓄电池端电压,并记录数值。

(2)第二步,整车上电,继续读取万用表数值,查看变化情况,如果数值在13.8~14V之间,判断为DC/DC转换器工作。

12. DC/DC转换器的检测步骤如下:

(1)打开点火开关至ON挡。

(2)拆下DC/DC转换器的2个低压正极输出端口1和端口2。

(3)打开万用表,旋至直流电压挡。

(4)将正极表笔分别测量DC/DC转换器低压正极输出端口1和端口2,负极搭铁,测量输出电压值,电压值应大于13V。

(5)如果电压不符合规定值,更换 DC/DC 转换器。

(6)关闭万用表。

(7)将低压正极输出端口1和端口2,安装归位。

第六节 充电系统组成与检修

(17、18、25~29条适用于检测维修工程师,其他适用于检测维修士)

1. 新能源汽车充电系统包括慢充和快充两部分,组成主要有车载充电机、高压部件、充电接口和线束。

2. 动力蓄电池的充电根据充电设备的不同可分为快充和慢充,其中快充是采用直流充电桩进行充电,充电电流大,充电时间短;慢充是采用交流充电桩或随车充电枪充电,充电电流小,充电时间长。充电系统框架如图2-4-7所示。

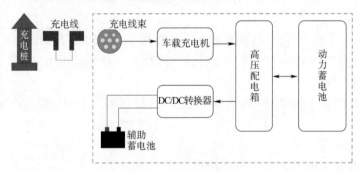

图2-4-7 充电系统框架图

3. 快充系统是通过外围的供电设备将电网电源转变为高于动力蓄电池的高压直流电后,通过快充口,经过高压配电盒分配后,直接对动力蓄电池进行充电的系统。

4. 快充系统的组成包括:快充桩、车辆快充口、快充线束、动力蓄电池。

5. 快充的工作原理:当直流充电设备接口连接到整车直流充电口,直流充电设备发送充电唤醒信号给 BMS,BMS 根据动力蓄电池的可充电功率,向直流充电设备发送充电电流指令。同时,BMS 吸合充电系统高压正极继电器和高压负极继电器,动力蓄电池开始充电。如图2-4-8所示。

6. 快充充电路径:快充桩→车辆快充口→快充线束→动力蓄电池。

7. 慢充系统的作用是将充电电源来的220V的交流电通过充电枪输入到充电口,然后经过车载充电机内部后,转换成高压直流电,进入到高压配电盒进行分配后,给动力蓄电池进行充电。

8. 慢充系统主要包括:慢充桩、车辆慢充口、慢充线束、车载充电机、高压配电盒、动力蓄电池。

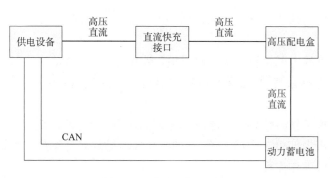

图 2-4-8　快充系统原理图

9. 慢充的工作原理:当车辆处于交流充电模式下,车载充电机检测到交流充电接口的充电枪插入信号(CC)和导通信号(CP)并唤醒 BMS,BMS 唤醒车载充电机并发送指令充电,同时闭合主继电器,动力蓄电池开始充电。如图 2-4-9 所示。

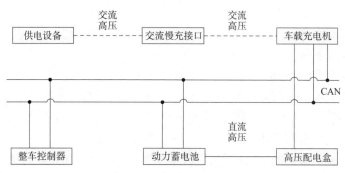

图 2-4-9　慢充系统原理图

10. 慢充充电路径:慢充桩→车辆慢充口→慢充线束→车载充电机→高压配电盒→动力蓄电池。

11. 低压充电功能:高压电路系统上电前,低压电路系统依赖 12V 铅酸蓄电池供电,当高压电路系统上电后,DC/DC 变换器将动力蓄电池的高压直流电转换成低压直流电,为 12V 铅酸蓄电池充电。如图 2-4-10 所示。

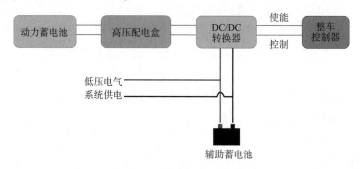

图 2-4-10　低压充电原理示意图

12. 车载充电机(On-board Charger),具有效率高、体积小、耐受恶劣工作环境等特点。其功能是将 220V 交流电转换为动力蓄电池所需的高压直流电,实现动力蓄电池电量的补给。

13. 车载充电机的结构由交流输入端口、功率单元、控制单元、低压辅助单元、直流输出端口等部分组成。

14. 车载充电机的内部模块分3部分,即控制单元、功率单元和接口。其中控制单元部分包括中央CPU、数据采集、功率单元控制电路、保护电路、通信电路;功率单元包括整流电路、升压电路。

15. 车载充电机工作时将高压交流电转化成高压直流电,其转化过程中会产生大量的热量,因此车载充电机内部也有冷却液道,通过冷却液的循环降低车载充电机的工作温度。

16. 车载充电机工作流程:

(1)交流供电;

(2)低压唤醒整车控制系统;

(3)BMS检测充电需求;

(4)BMS给车载充电机发送工作指令并闭合继电器;

(5)车载充电机开始工作,进行充电;

(6)动力蓄电池检测充电完成后,给车载充电机发送停止指令;

(7)车载充电机停止工作;

(8)动力蓄电池断开继电器。

17. 导致慢速充电故障的常见原因有:慢速充电口故障、CC(充电连接确认线)或CP(充电控制确认线)断路、低压唤醒故障、车载充电机故障、动力蓄电池管理系统(BMS)故障、高压互锁信号断路、绝缘监测误报、CAN通信故障、动力蓄电池组加热故障等。

18. 导致快速充电故障的常见原因有:快速充电口故障、CC1(充电连接确认线1)或CP2(充电控制确认线2)断路、低压辅助电源故障、低压唤醒故障、充电通信CAN-L或充电通信CAN-H故障、动力蓄电池管理系统(BMS)故障、高压互锁信号断路、绝缘监测误报、动力蓄电池组加热故障、高压配电盒或电子电力箱故障等。

19. 车载充电机拆卸程序:

(1)打开前机舱盖。

(2)断开辅助蓄电池负极电缆。

(3)断开车载充电机处高压母线,排放冷却液。

(4)断开与车载充电机连接的连接器,包括:加热器高压线束连接器、驱动电机控制器高压线束连接器、交流充电插座总成连接器、驱动电机总成连接水管、驱动电机控制器连接水管、低压连接器。

(5)拆卸高压配电盒电机控制器高压线束连接器的固定螺栓。

(6)拆卸车载充电机搭铁线。

(7)取出车载充电机。

20. 车载充电机安装程序:

(1)放置车载充电机,紧固车载充电机的固定螺栓(力矩:22 N·m)。

(2)紧固车载充电机搭铁线线束。

(3)连接与车载充电机连接的连接器,包括:加热器高压线束连接器、驱动电机控制器高压线束连接器、交流充电插座总成连接器、驱动电机总成连接水管、驱动电机控制器连接水管、低压连接器。

(4)连接高压配电盒侧高压母线线束连接器。

(5)连接动力蓄电池负极电缆。

(6)加注冷却液。

(7)关闭机舱盖。

21. 直流充电插座的拆卸程序：

(1)打开前机舱盖，断开辅助蓄电池负极电缆。

(2)断开车载充电机处高压母线。

(3)拆卸左后轮及左后轮罩衬板。

(4)断开动力蓄电池上的直流充电高压线束连接器。

(5)拆卸直流充电高压线束支架固定螺栓、螺母，直流充电高压线束支架。

(6)依次脱开直流充电高压线束固定线卡，拆卸动力蓄电池左防撞梁螺栓、线束支架固定螺栓。

(7)拆卸直流充电插座搭铁线束固定螺栓，脱开搭铁线束。

(8)断开直流充电插座线束连接器。

(9)拆卸直流充电插座固定螺栓，取出直流充电插座总成。

22. 直流充电插座的安装程序：

(1)放置直流充电插座总成，紧固充电插座总成固定螺栓(力矩：9N·m)。

(2)依次安装直流充电高压线束固定线卡，紧固直流充电插座线束连接器、动力蓄电池左防撞梁螺栓。

(3)安装直流充电高压线束支架，紧固直流充电高压线束支架固定螺栓(力矩：9N·m)。

(4)连接动力蓄电池上的直流充电高压线束连接器。

(5)安装左后轮罩衬板和左后轮。

(6)连接车载充电机处高压母线。

(7)连接动力蓄电池负极电缆，关闭前机舱盖。

23. 交流充电插座的拆卸程序：

(1)打开前机舱盖，断开辅助蓄电池负极电缆。

(2)断开车载充电机处高压母线。

(3)拆卸左后轮及左后轮罩衬板。

(4)断开车载充电机上的交流充电高压线束连接器。

(5)依次脱开交流充电线束连接器卡扣。

(6)断开交流充电器锁止拉线卡扣和解锁拉线卡扣。

(7)断开交流充电插座线束连接器和插座口盖连接器。

(8)拆卸交流充电口盖螺钉，撬起交流充电口盖卡扣，取出交流充电插座口盖。

(9)拆卸交流充电插座固定螺栓，取出交流充电插座总成。

24. 交流充电插座的安装程序：

(1)放置交流充电插座总成，紧固固定螺栓(力矩9N·m)。

(2)放置交流充电口盖，紧固固定螺栓(力矩9N·m)。

(3)连接交流充电插座线束连接器,和交流充电口盖连接器。

(4)安装交流充电高压线束卡扣,安装交流充电器锁止拉线卡扣。

(5)连接车载充电机上的交流充电高压线束连接器,安装线束连接器卡扣。

(6)安装左后轮罩衬板和左后轮。

(7)连接车载充电机处高压母线。

(8)连接蓄电池负极电缆,关闭前机舱盖。

25. 充电系统常见故障有:

(1)快充桩与车辆无法通信;

(2)快充桩与车辆通信正常,无充电电流;

(3)慢充桩显示车辆未连接;

(4)动力蓄电池继电器未闭合;

(5)动力蓄电池继电器正常闭合,但充电机无输出电流。

26. 充电系统故障诊断思路:

(1)将充电桩与车辆充电口连接,检查车辆是否正常充电;

(2)如果没有正常充电,接着利用故障诊断仪查看故障代码,找到故障系统;

(3)利用万用表对故障系统进一步确认;

(4)按照供电、信号等顺序进行逐个排查,找到故障点,如果是元件损坏就直接更换,如果是线路连接问题,恢复线路连接,完成整个故障诊断。

27. 除去动力蓄电池老化原因,新能源汽车显示电量不满,但又不能充电主要有两种情况:一种是物理连接完成,已起动充电,但不能给汽车充电;二是充电中途停止充电。

28. 对于物理连接完成,已起动充电,但不能给汽车充电的故障,可能的原因及解决方案:

(1)原因一:动力蓄电池温度低于-20℃或高于65℃。在充电前允许动力蓄电池加热或冷却,将车辆置于温度适宜的环境内,待温度正常后再充电。

(2)原因二:充电电源不正常。此时应首先确认电源是否已过载保护;然后选择使用专用的充电电源220V 50Hz,10A标准单相两极带搭铁插座进行充电。

(3)原因三:交流充电连接装置没有正确连接。此时应确认交流充电设备的开关已弹起,注意七芯转七芯电缆的充电设备插接器长短不同,连接位置不同。

(4)原因四:车辆或交流充电连接装置有故障。先确定组合仪表上有动力系统故障灯点亮,或是有充电系统故障提示语,此时应停止充电,进行检修。

(5)原因五:充电桩或车辆显示有故障。先确定组合仪表上有动力系统故障灯点亮,或是有充电系统故障提示语,或是充电桩显示有故障,此时应停止充电,进行检修。

29. 对于充电中途停止充电的故障,可能的原因及解决方案:

(1)原因一:电源断电。此时应检查充电电源,待电源恢复后,充电会自动重新开始充电。

(2)原因二:充电电缆没有连接完好。此时应确认充电连接装置电缆没有虚接。

(3)原因三:充电连接装置开关被按下。充电连接装置开关被按下则停止充电,需重新连接充电连接装置,起动充电。

(4)原因四:动力蓄电池温度过高。此时组合仪表中动力蓄电池温度过高报警指示灯点亮,充电会自动停止,待动力蓄电池冷却后再充电。

(5)原因五:车辆或充电桩发生故障。此时应确认充电桩或车辆是否有故障提示,并进行检修。

考试模拟题

一、是非判断题

1. 高电压车辆安全的首要条件就是防止高电压系统与车身存在漏电。（√）
2. 新能源汽车和混合动力汽车,其高电压系统只具有直流高压。（×）
3. 驱动电机控制器中含有主动泄放回路,当检测到车辆发生轻微碰撞时会激活主动泄放。（×）
4. 被动泄放为主动泄放的二重保护。（√）
5. 高压互锁是指通过使用高压信号来检查新能源汽车上所有与高压母线相连的各分路的电气连接完整性。（×）
6. 带有高压互锁功能的高压插接器的特点是有一个双线的小插接器和插座。（√）
7. 漏电传感器系统本身故障不会导致高电压系统漏电故障。（×）
8. 检测漏电传感器故障时,应首先检查辅助蓄电池电压及整车低压线束供电是否正常。（√）
9. 车辆行驶时能量消耗路线:电流从动力蓄电池依次经过,高压母线、高压配电盒、电机控制器、电机控制器高压线、电机三相线到达驱动电机,产生驱动力。（×）
10. 在安装高压母线总成时,应先连接车载充电机侧的连接器,后连接动力蓄电池侧的连接器。（√）
11. 高压线束的作用是连接各个高压电器件,起到高压电源的作用。（×）
12. 新能源汽车直流高压电回路必须严格执行双线制,即正极和负极必须是独立的高压线束连接。（√）
13. 对于高压插接器,千万不要靠蛮力去拔插,往往起到适得其反的作用。（√）
14. 进行高压线束的导通和绝缘性能的检测时,断开高压母线拆卸线束连接器后,应等待5min或更久直至高压线束内电压小于10V。（×）
15. 动力蓄电池的充电根据充电设备的不同可分为快充和慢充,其中慢充是采用直流充电桩进行充电,充电电流大,充电时间短。（×）
16. 高压电路上电前,低压电路系统依赖12V铅酸蓄电池供电,当高压电路上电后,电机控制器将动力蓄电池的高压直流电转换成低压直流电,为12V铅酸蓄电池充电。（√）
17. 进行快充时,当直流充电设备接口连接到整车直流充电口,直流充电设备发送充电唤醒信号给VCU,VCU根据动力蓄电池的可充电功率,向直流充电设备发送充电电流指令。
(×)
18. 新能源汽车充电电源应为220V 50Hz,20A标准单相两极带搭铁插座。 (×)
19. 动力蓄电池温度过高时,组合仪表显示动力蓄电池温度过高报警指示灯点亮,充电会自动停止,待动力蓄电池冷却后再充电。 (√)
20. 高压配电盒是完成动力蓄电池电源的输出及分配,实现对支路用电器的保护及切断功能。 (√)
21. 在新能源汽车制造领域,涉及生产制造和安全性的多项国家标准中,都推荐性要求新能源汽车必须设计安全互锁功能。 (×)

二、单项选择题

1. 高电压车辆上的高电压并不是持续存在的,除了(C)会持续存在高电压外,其他的系统或部件只有在运行的时候才具有高电压。
   A. 驱动电机　　　B. 充电系统　　　C. 动力蓄电池　　　D. DC/DC转换器
2. 明确统一的标志是保证用电安全的一项重要措施,其中"红色"标志代表(D)。
   A. 用来标志注意危险　　　　　　B. 用来标志安全无事
   C. 用来标志强制执行　　　　　　D. 用来标志禁止、停止和消防
3. 在安全标志中,需要表示"必须戴安全帽"时,使用(C)的标志。
   A. 红色　　　　B. 黑色　　　　C. 蓝色　　　　D. 黄色
4. 关于DC/DC转换器工作条件及判断下列不正确的是(D)。
   A. 高压输入范围为DC 290～420V
   B. 低压输入范围为DC 9～14V
   C. 整车处于ON电状态,辅助蓄电池端电压在13.8～14V之间
   D. 通过使用水冷进行降温
5. 新能源汽车的高电压系统采用(D)来监测高电压电路是否存在与车身之间的漏电情况。
   A. 绝缘电阻　　B. 高压电传感器　　C. 压力传感器　　D. 漏电传感器
6. 高电压电路漏电故障的诊断主要是检查线路对车身以及两线之间的(A)。
   A. 绝缘电阻值　　B. 绝缘电流值　　C. 绝缘电压值　　D. 绝缘压力值
7. 高压部件都具有明显的(C)标识,或者部件的醒目位置粘贴有高压标识。
   A. 红色　　　　B. 黄色　　　　C. 橙色　　　　D. 蓝色
8. 驱动电机控制器中含有主动泄放回路,当激活主动泄放时,可在(A)内将高压回路高压母线电压泄放到60V以下。
   A. 5s　　　　　B. 30s　　　　　C. 1min　　　　D. 2min
9. 内部含有高压的高压电控产品同时设计有被动泄放回路,当发生主动泄放时,可在(D)内将高压母线电压泄放到60V以下。
   A. 5s　　　　　B. 30s　　　　　C. 1min　　　　D. 2min
10. 高压插接器中,高压电源的正/负极端子和中间互锁端子的物理长度不一样,这样的

设计是为了(A)。

  A. 避免拉弧的产生   B. 防止高压插接器未插到位
  C. 防止高压回路断开   D. 防止高压插件未插

11. 进行高压绝缘性能检测,测量正极导线对车身电阻值,应符合(D)。

  A. 电阻在10MΩ以上   B. 电阻在20MΩ以上
  C. 电阻在30MΩ以上   D. 电阻在50MΩ以上

12. 高压插接器一般包括3种结构,使用时如果不解除(B),是无法拔出的。

  A. 卡扣   B. 锁止扣   C. 插接器   D. 以上都对

13. (C)是将电流作直流→交流变换。

  A. 斩波器   B. 变流器   C. 逆变器   D. 整流器

14. DC/DC转换器的输出电压应为(C)。

  A. 5V   B. 8V   C. 14V   D. 24V

15. DC/DC转换器相当于传统汽车的(B)。

  A. 发动机   B. 发电机   C. 变速器   D. 转向机

16. 高压互锁回路的英文缩写为(A)。

  A. HVIL   B. HILV   C. HVLI   D. VHIL

17. 下列不属于高压互锁故障现象的是(D)。

  A. 整车报高压故障   B. 驱动电机不上电
  C. 各高压部件互锁   D. 灯泡不亮

三、多项选择题

1. 以下属于功率变换器的有(ACD)。

  A. 斩波器   B. 变流器   C. 逆变器   D. 整流器

2. 新能源汽车的主要高电压部件集中在(ABCD)等。

  A. 动力蓄电池组   B. 空调及PTC加热器
  C. 高压电分配盒   D. 高压导线

3. 高压互锁包括(BCD)。

  A. 位置互锁   B. 结构互锁   C. 功能互锁   D. 软件互锁

4. 下列关于漏电传感器标准值描述正确的有(BC)。

  A. 漏电传感器供电电压标准值在11~14V
  B. 漏电传感器供电电压标准值在9~16V
  C. 漏电传感器搭铁电阻标准值在0.2Ω以下
  D. 漏电传感器搭铁电阻标准值在2Ω以上

5. 以下关于维修开关描述正确的有(ABCD)。

  A. 维修开关是新能源汽车高压电气系统的安全保护元件
  B. 维修开关可以起到短路保护的作用
  C. 维修开关也称手动维修开关
  D. 维修开关可以实现高压系统的电器隔离

6. 新能源汽车的高压电控总成主要包含(ABD)。
    A. 车载充电模块　　　　　　　　B. 高压配电模块
    C. 动力蓄电池管理模块　　　　　D. 电机控制器模块
7. 以下关于新能源汽车高压线束的描述正确的有(ABC)。
    A. 常规新能源汽车高压线束耐高压额定值600V
    B. 商用车及大巴士的线束耐高压额定值600V
    C. 高压线束耐电流要达到200~400A
    D. 高压线束耐受的温度要达到125~150℃或更高

第三篇 案例分析篇

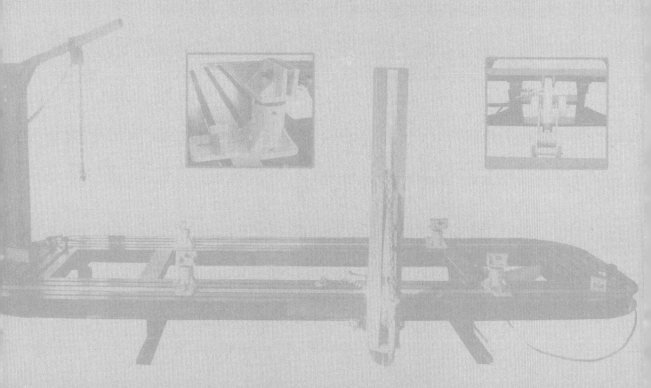

1. 一辆2014年款的纯电动出租汽车,使用一年后行驶75000km,某日感觉车辆在行驶中底盘噪声较大,而且有越来越严重的趋势,于是进修理厂检修。根据驾驶员描述并初步检查发现:只要全车上电,动力舱下部就会有异响,起步行驶,响声越来越大,运行中还感觉有驱动电机振动的现象,初步判断响声也是来自驱动电机。

(1)引起驱动电机振动的原因是(可多选):(ABCD)
  A.轴承磨损,间隙不合适 B.转子与定子间隙不均匀
  C.笼型转子导条断条 D.铁芯变形或松动

(2)连接故障诊断仪进入驱动电机系统,显示电机温度传感器数值过高,原因是:(B)
  A.冷却液标号不正确 B.驱动电机存在不正常的摩擦现象
  C.电机冷却管路堵塞 D.驱动电机冷却液渗入了水分

(3)驱动电机常见故障及排除方法见表3-0-1。

驱动电机常见故障及排除方法   表3-0-1

故障现象	故障原因	排除方法
驱动电机在空载时不能启动	电源未接通	检查开关、接触器触点及电机引出线头,查出后修复
	逆变器控制原因	检查逆变器
	定子绕组故障(断路、短路、搭铁和连接错误等)	检查定子绕组,找出故障并修复
	电源电压太低	检查电源电压和每个连接处
驱动电机通电后,电机不启动,且有"嗡嗡"响声	定子、转子绕组断路	查明断路点进行修复
	绕组引出线始末端接错或绕组内部接反	定子绕组中通入直流电,检查绕组极性(用指南针);判定绕组首末端是否连接正确
	电机负载过大或被卡住	检查设备,排除故障
	电源未能全部接通	紧固接线柱松动的螺钉,用万用表检查电源线某相断线成假接故障,然后修复
定子过热	输电线一相断线或定子绕组一相断路,造成走单相	检查开关、接触器触点及电机引出线头,查出后修复 检查定子绕组,找出故障并修复
	过载	减少负载或增加功率
	绕组匝数不对	检查绕组电阻
	通风不良	检查风机是否工作正常
绝缘电阻低	绕组受潮或被水淋湿	进行加热烘干处理
	绕组绝缘粘满粉尘、油垢	清洗绕组油垢,并经干燥、浸漆处理
	引出线绝缘老化破裂	重包引线绝缘
	绕组绝缘老化	经鉴定可以继续使用时,可经清理干净,重新涂漆处理;如果绝缘老化,不能安全运行时,需要更换修复绝缘

续上表

故障现象	故障原因	排除方法
驱动电机振动	轴承磨损,间隙不合格	检查轴承间隙,应符合设计要求
	定子与转子间隙不均匀	调整气隙
	转子不平衡	重新校对平衡
	笼型转子导条断条	更换转子
	定子绕组故障(短路、断路、搭铁和连接错误等)	查出绕组故障点并进行处理
	转轴弯曲	校直转轴
	铁芯变形或松动	校正铁芯,或重新叠装铁芯
驱动电机空载运行时空载电流不平衡,且相差大,电机运行时有杂音,不正常	绕组首末端接错	查明首末端,改正后再启动电机试验
	电源电压不平衡	测量电源电压,找出原因消除
	绕组有故障(匝间短路、某线圈组接反等)	拆开电机,检查绕组极性和故障,并改正和消除故障
	轴承磨损,有故障	检修并更换轴承
	定子、转子铁芯松动	检查振动原因,重新压装铁芯
	电压不平衡	测量电源电压,检查电压不平衡原因并处理
	绕组有故障(如短路、接错等)	检查绕组故障并处理
	轴承缺少润滑脂	清洗轴承,添加规定量的润滑脂
	定子与转子间隙不均匀,定子、转子相摩擦	调整气隙,提高装配质量
轴承发热超过规定值	润滑脂过多或过少	拆开轴承盖,检查润滑脂量,按规定增减润滑脂
	润滑脂质量不好,含有杂质	检查润滑脂内有无杂质,更换洁净润滑脂
	轴承与轴配合过松或过紧	采取措施,使轴承与轴配合符合要求
	轴承与端盖配合过松或过紧	采取措施,使轴承与端盖配合符合要求
	油封间隙配合太紧	更换或修理油封
	轴承内盖偏心,与轴相摩擦	修理轴承内盖,使其与轴的间隙合适
	电机两侧端盖或轴承盖未装平	按正确工艺将端盖或轴承盖装入止口内,然后均匀紧固螺钉
	轴承有故障,磨损,有杂物等	更换损坏的轴承,对含有杂质的轴承要彻底清洗,换润滑脂
	轴承间隙过大或过小	更换新轴承
花键轴或花键套过早磨损	电机轴或套老化	更换
	电机安装不当,造成电机轴弯曲变形	检测维修或更换
	长期过载运行	按正常负荷运行

续上表

故障现象	故障原因	排除方法
驱动电机发热冒烟或烧毁	严重超载	减负至规定值
	冷却液不足	按规定添加
	爬坡度或坡道长超过规定值	按规定值运行
	制动器高速不当或使用不当,正常行驶中脚踩着制动踏板	调整制动器,正常行驶时不要踩制动踏板
	控制器失效	检测维修或更换

通过对《驱动电机常见故障及排除方法》的分析,电机有异响、振动、过热,最有影响的因素是:(D)

  A.驱动电机端盖动不平衡   B.铁芯变形或松动
  C.润滑脂过多或过少   D.轴承损坏

(4)驱动电机控制器的故障主要有 IGBT 故障、输入电源线与接头故障,还有其他许多原因,分别是(可多选):(ABCD)

  A.整流二极管短路   B.直流母线搭铁错误
  C.直流侧电容器短路   D.相电流过流和过电压等

(5)对于频繁使用的纯电动出租汽车,在驱动电机控制器的定期维护中,应该注意的是(可多选):(ABCD)

  A.电机控制器的检查应在断电的情况下进行,至少每3个月检查1次
  B.电机控制器的各项功能出厂时已经调好,检查时不应自行拆开和调整
  C.插接器接线不得调整
  D.断开维修插头后,控制器功率单元内的滤波电容器要保持几分钟的放电时间

2.一辆家用纯电动汽车,车主描述昨天使用还好好的,早晨起来车辆就无法起动了。具体现象是全车都有电,中央仪表也亮,但是无论挂前进挡还是倒挡,驱动电机都不工作,车辆无法行驶。根据驱动电机系统的结构组成、工作原理可知:起动不了的直接原因是电机控制器内的直流接触器不吸合,导致动力蓄电池电源无法接入驱动电机控制器高压模块,因此无法控制驱动电机的运行,车辆无法起动,即驱动电机"不上电"。

(1)电动汽车高压上、下电控制主要是根据驾驶员对行车钥匙开关的控制,进行动力蓄电池的高压接触器开关控制,以完成高压设备的电源通断,还有另一项重要的控制是:(A)

  A.预充电控制   B.动力蓄电池控制
  C.高压互锁控制   D.全车自检控制

(2)纯电动汽车上、下电流程处理的作用是:协调各相关部件的上电与下电流程,这一流程还包括(可多选):(ABCD)

  A.电机控制器   B.动力蓄电池管理系统等部件的供电
  C.预充电继电器   D.主继电器的吸合和断开时间

(3)驱动电机控制器是连接动力蓄电池与三相异步电机的枢纽,同时也是控制中枢。图 3-0-1 为某型纯电动汽车动力回路电控系统原理图。

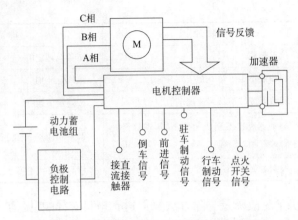

图3-0-1 某纯电动汽车动力回路电控系统原理图

由图3-0-1分析可知：动力蓄电池接入驱动电机控制器高压模块,三相异步电机的3个接线柱也接入驱动电机控制器的高压模块,同时反馈转速、温度信号,驱动电机控制器通过获得的输入信号来控制的是:(C)

  A.动力蓄电池组   B.加速器

  C.三相异步电机的运行   D.负极控制电路模组

(4)电动汽车"不上电"一般分为两类,第一类"不上电"表现为整车电气设备都不能工作,即整车都没有电源。第二类"不上电"是车辆电气设备都工作正常,但是无法启动驱动电机并起动车辆。这种情况一般是负极控制模块的电路出现故障所致。而主接触器的控制端有两个:一端是从点火开关通过熔断丝得到12V电源(ON挡);另一端是从电机控制器输出的低电平。这类起动不了的原因多数是低电平端根本就没有输出低电平,其主要原因有两个:(CD)

  A.点火开关有故障   B.主接触器有故障

  C.点火信号没有输入到电机控制器 D.预充电电阻没有连接上

(5)图3-0-2是某型电动汽车负极控制模块电路原理图。负极控制模块是为了启动开关控制车辆运行所设的,核心为主接触器,外围控制信号的输入主要目的就是为了主接触器的吸合。

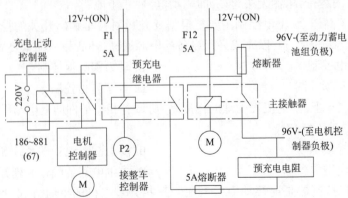

图3-0-2 某型电动汽车负极控制模块电路原理图

当进一步排查到F12号5A熔断丝时,发现该熔断丝断开,导致电源主接触器控制线圈无法得到12V电源,整车控制器也检测不到12V信号,因此致使驱动电机不上电,车辆也就无法行驶。更换了F12号5A的熔断丝,故障排除。根据上述排查结果,该机电维修工程师重点是排查了负极控制电路模块中的哪几个部件(可多选):(CD)

  A. 预充电继电器   B. 电机控制器
  C. 线束插接器   D. 熔断丝和预充电电阻的工作情况

3. 一辆早期的北汽新能源纯电动家用汽车,在正常行驶情况下,仪表盘突然发出警报提示音,几秒钟以后仪表盘显示红色字体"动力蓄电池故障",导航面板显示"中度故障请立即安全停车,与车辆授权服务商联系",同时电动汽车失去动力,加速踏板踩到底也没有任何反应,即车辆无法行驶。

(1) 动力蓄电池系统是由(可多选)(ABCD)组成。

  A. 动力蓄电池模组   B. 动力蓄电池管理系统(BMS)
  C. 动力蓄电池箱   D. 辅助元器件

(2) 动力蓄电池管理系统(BMS)故障分级与处理模式有3种。三级故障:表明动力蓄电池性能下降,动力蓄电池管理系统降低最大允许充/放电电流;二级故障:表明动力蓄电池在此状态下功能已经丧失,请求其他控制器停止充电或者放电,其他控制器应在一定的延时时间内响应动力蓄电池停止充电或放电的请求;一级故障:表明动力蓄电池在此状态下功能已经丧失,请求其他控制器立即(1s内)停止充电或放电。如果其他控制器在指定时间内未作出响应,动力蓄电池管理系统将在2s后主动停止充电或放电(即断开高压继电器)。无论动力蓄电池自身还是辅助蓄电池外电路的高压回路上存在绝缘故障,BMS都会上报,并直接导致高压断开。根据上述情况,建议优先排查的方向是(可多选):(ABCD)

  A. 高压盒   B. 电机控制器
  C. 空调压缩机   D. PTC

(3) 在纯电动汽车中,BMS是动力蓄电池系统的核心部件,BMS通过电压、电流及温度检测等功能实现对动力蓄电池系统的过压、欠压、过流、过高温和过低温保护,包括继电器控制、充放电管理、均衡控制、故障报警及处理、与其他控制器通信功能等。此外,BMS还具有:(A)

  A. 高压电路绝缘检测功能   B. 上、下电控制功能
  C. 电机控制功能   D. 制动控制功能

(4) 通过分析汽车用户对故障发生时的情况描述,判定该故障属于二级故障,表明动力蓄电池在此状态下已经丧失功能,请求其他控制器停止放电,其他控制器也在一定的延时时间内响应动力蓄电池停止放电的请求,因此车辆无法行驶。对故障汽车进行充电,充至90%(有一部分二级故障不影响对动力蓄电池充电)就充不进去了,然后用专用故障诊断仪读取动力蓄电池包内部数据,获得最高和最低单体蓄电池电压及其序列号,如图3-0-3所示。

机电维修工程师判定动力蓄电池组内有问题的单体蓄电池最低电压的序列号是:(A)

  A. Cell 1 B. Cell 8 C. Cell 4 D. Cell 11

图 3-0-3　用专用故障诊断仪读取动力蓄电池包内部数据

(5) BMS 的硬件包括主板、从板及高压盒,还包括(可多选):(AB)
　　A. 采集电压线　　　　　　　　　B. 采集温度、电流的电子元器件
　　C. 采集软件　　　　　　　　　　D. 监测软件

4. 一辆 2015 年款北汽新能源某型纯电动出租汽车,已行驶 4 万 km,在炎热季节空调系统一直开着,因此电能消耗比较快,需要频繁充电。某日在中午气温最高的时候充电,开始一切正常,可是后来发现充电很久都不能充满,再查看中央仪表充电指示器,显示没在充电状态。重新连接充电线束接头,情况依旧,即仪表板显示动力蓄电池并没有充满,继续充电再也充不进去,赶紧将车开到修理厂,连接其他充电桩也是这种情况。

(1) 电动汽车车载充电系统包括慢充和快充两部分,其组成有(可多选):(ABD)
　　A. 车载充电机　　　B. 高压部件　　　C. 变频器　　　D. 充电接口和线束

(2) 车载充电机(On-board Charger)相对于传统工业电源,具有效率高、体积小、耐受恶劣工作环境等特点。其功能是将 220V 交流电转换为动力蓄电池所需的直流电,实现动力蓄电池电量的补给。图 3-0-4 是北汽新能源 EV160、EV200 等型电动汽车车载充电机外形图。

图 3-0-4　北汽新能源 EV160、EV200 型电动汽车车载充电机外形图

图 3-0-5 是该款车型车载充电机电路连接图。

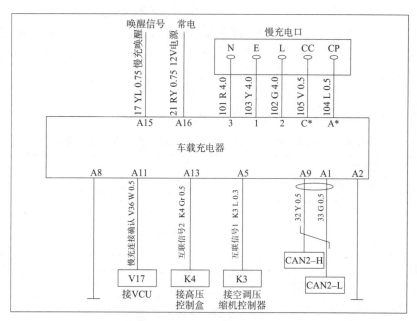

图 3-0-5　北汽新能源 EV160、EV200 型电动汽车车载充电机电路图

通过图 3-0-5 分析可知,车载充电机在工作过程中需要协调充电桩和另一个部件来完成充电,这个重要部件是:(B)

　　A. 整车控制器　　　　　　　　B. 动力蓄电池管理系统
　　C. 驱动电机控制器　　　　　　C. 高压控制盒

(3)图 3-0-6 是该款车型 DC/DC 转换器的外观图。

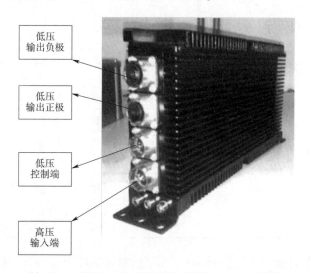

图 3-0-6　北汽 EV160、EV200 型电动汽车 DC/DC 转换器

充电系统高压部件主要是 DC/DC 转换器和高压控制盒,DC/DC 转换器相当于传统汽车的发电机,其功能和作用是将动力蓄电池的高压直流电转换为:(A)

A. 低压12V直流电 B. 低压24V直流电
C. 低压12V交流电 D. 低压24V交流电

(4)除去动力蓄电池老化原因,电动汽车显示电量不满,但又不能继续充电主要有两种情况:一是物理连接完成,已启动充电,但不能给汽车充电。二是充电中途停止充电。根据上述情况,整车生产厂家给出了故障原因和解决方案。

故障状态一:
物理连接完成,已启动充电,但不能给汽车充电。该故障原因和解决方案见表3-0-2。

充电系统物理连接完成,已启动充电,但不能给汽车充电的可能原因　　表3-0-2

可能的原因	解决方案
1. 动力蓄电池已充满	动力蓄电池已充满时,充电会自动停止
2. 动力蓄电池温度低于-20℃或是高于65℃	在充电前允许动力蓄电池加热或冷却,将车辆置于温度适宜的环境内,待温度正常后再充电
3. 充电电源不正常	确认电源是否已过载保护;选择使用专用的充电电源:220V、50Hz、10A标准单相两极带接地插座进行充电
4. 交流充电连接装置没有正确连接	确认交流充电设备的开关已弹起,注意七芯转七芯电缆的充电设备插头长短不同,连接位置不同
5. 车辆或交流充电连接装置有故障	确定组合仪表上有动力系统故障灯点亮,或是有充电系统故障提示语,此时应停止充电,及时与电动汽车授权的服务站联系
6. 充电桩或车辆显示有故障	确定组合仪表上有动力系统故障灯点亮,或是有充电系统故障提示语,或是充电桩显示有故障,此时应停止充电,及时与电动汽车授权服务站联系

故障状态二:
充电中途停止充电的故障原因及解决方案见表3-0-3。

充电中途停止充电的故障原因及解决方案　　表3-0-3

可能的原因	解决方案
1. 电源断电	电源恢复后,充电系统会自动重新开始充电
2. 充电电缆没有连接好	确认充电连接装置电缆没有虚接
3. 充电连接装置开关被按下	充电连接装置开关被按下则停止充电,需重新连接充电连接装置,启动充电
4. 动力蓄电池温度过高	组合仪表显示动力蓄电池温度过高报警指示灯点亮,充电会自动停止,待动力蓄电池冷却后再充电
5. 车辆或充电桩发生故障	确认充电桩或车辆有故障提示,及时与电动汽车授权的服务站联系

该机电维修工程师通过上述分析,确定充不满电量的原因是(可多选):(AD)
A. 动力蓄电池温度低于-20℃或是高于65℃
B. 车辆或交流充电连接装置有故障
C. 充电连接装置开关被按下

D. 动力蓄电池包整体温度过高

(5)动力蓄电池在低温或高温下是补充不进电量的。这是由锂离子蓄电池的特性所决定的:锂离子蓄电池的工作原理就是指其充放电原理:当对蓄电池进行充电时,蓄电池的正极上有锂离子脱出,脱出的锂离子经过电解液运动到负极。而作为负极的碳呈层状结构,它有很多细小的微孔,到达负极的锂离子就嵌入到碳层的微孔中,嵌入的锂离子越多,充电容量就越高。但是当温度升高超过 65℃ 时,作为负极的碳层状结构受热膨胀,使微孔挤压封闭,到达负极的锂离子就无法再嵌入到碳层的微孔中,因此就充不进电了。

根据上述分析,结合故障发生时正值炎热夏季,地表温度都超过 60℃。另一方面,锂离子蓄电池在放电的时候产生热量较少,充电时由于锂离子运动加快,相互摩擦产生热量使动力蓄电池温度骤然升高,更加剧了故障的严重性。

原因找到了,你认为在以下选项中,选择哪几种给动力蓄电池降温的最佳方式是(可多选):(CD)

A. 把蓄电池包拆下来浸在水里降温
B. 把蓄电池包拆下来敷上冰块降温
C. 把车开进地下停车场给蓄电池包降温
D. 把车辆举升起来用风扇吹拂给蓄电池包降温

5. 一辆北汽新能源纯电动汽车,行驶约 10000km 发生交通事故,在做完车身修复,各总成部件都安装到位后,插上起动钥匙,全车有电但驱动电机不上电,车辆无法行驶,中央仪表板显示区显示"高压互锁"。连接充电器线束插头亦显示充电系统未工作。

电动汽车充电系统主要由车载充电机、高压部件、充电接口和线束组成,而本故障案例显示"高压互锁",初步判断与高压部件有关。

(1)电动汽车高压部件的组成是(可多选):(BCD)

A. 车载充电机　　　　　　　　B. DC/DC 转换器
C. 高压线束　　　　　　　　　D. 高压控制盒及附件(空调)

(2)图 3-0-7 是该型纯电动汽车高压控制盒互锁线路接线图。

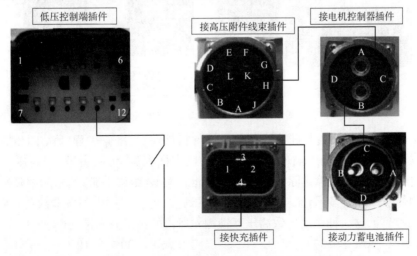

图 3-0-7　北汽 EV160、EV200 型电动汽车高压控制盒互锁线路接线图

在电动汽车制造领域,涉及生产制造和安全性的多项国家标准中,都强制性要求电动汽车必须设计安全互锁功能,以保障乘客和车辆的安全。高压互锁回路(High Voltage Interlock,简称 HVIL),在电动汽车上设计高压互锁的目的是(可多选):(ABC)

  A. 整车在高压系统上电前须确保整个高压系统的完整性,使高压系统始终处于一个封闭环境下工作,以提高安全性

  B. 当整车在运行过程中,高压系统回路断开或者完整性受到破坏的时候,需要立即启动安全防护功能

  C. 防止带电插拔高压连接器时,给高压端子造成的拉弧损坏

  D. 防止发生火灾

(3) 电动汽车常见的高压互锁出现问题,可能的原因是(可多选):(ABCD)

  A. 高压盒、PTC、DC/DC 转换器、车载充电机、空调压缩机、PTC 等高低压插件未插上

  B. 上述插接器未插到位

  C. 插头有缺失或退针现象

  D. 接线端子有损坏

(4) 如果低压辅助蓄电池正负极安装不够紧固,也会发生高压互锁的情况,其现象是:(D)

  A. 全车有电,驱动电机不上电　　　　B. 全车有电,动力蓄电池不工作

  C. 全车有电,仅充电系统不工作　　　　D. 全车都没电

(5) 高压互锁回路如图 3-0-8 所示。

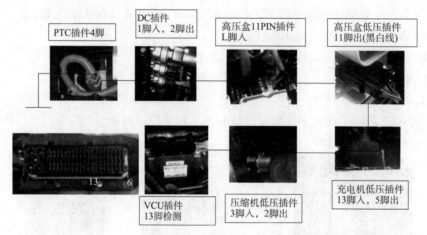

图 3-0-8　北汽电动汽车高压互锁回路

按照上述互锁回路图逐项排查高压部件插件搭铁情况,维修工程师从 PTC 插件 4 脚开始排查,当检查到压缩机低压插件时,发现插头没有插到位,将插头插紧,高压互锁随即解除,驱动电机可以上电,故障排除。根据北汽新能源汽车《维修手册》给出的故障数据以及纯电动汽车维修实践经验显示:插件退针或插接不到位、高压部件内部电器故障(如熔断丝断开)和其他故障等,这3种原因导致高压互锁触发所占的比例分别是:(C)

  A. 50%、30%和 20%　　　　　　　　B. 60%、30%和 10%

  C. 70%、20%和 10%　　　　　　　　D. 80%、10%和 10%

6. 一辆纯电动汽车已使用5年,近期发现动力蓄电池充满以后行驶里程数下降较快,即一次充满电续驶里程减少了许多,特别是电量显示50%以后"掉电"很快,于是进修理厂检查修理。

新能源汽车动力蓄电池系统是由多个单体蓄电池串联或并联组成,以满足所需电压和功率要求。在实际使用中,由于单体蓄电池之间的差异,蓄电池组的容量只能达到最弱的单体蓄电池容量。在串联蓄电池组中,虽然通过单体蓄电池的电流相同,但是由于其容量不同,蓄电池的放电深度也会不同,容量大的单体蓄电池总会欠充欠放,而容量小的单体蓄电池总会过充过放,这就造成容量大的单体蓄电池衰减缓慢、寿命长,容量小的单体蓄电池衰减加快、寿命缩短,两者之间的差异会越来越大,最终小容量单体蓄电池的失效会导致整个蓄电池组的提前失效。因此,

(1)我们需要及时对动力蓄电池组进行的作业是:(C)
  A. 主动均衡   B. 被动均衡
  C. 均衡维护   D. 健康状态检测

(2)动力蓄电池在生产制造和使用过程的差异性,造成了动力蓄电池组中单体蓄电池天然就存在着不一致性。不一致性主要表现在单体蓄电池容量、内阻、自放电率、充放电效率等方面。单体蓄电池的不一致,传导至动力蓄电池包,必然地带来了动力蓄电池包容量的损失,进而造成寿命的下降。随着时间的推移,单体蓄电池的不一致在温度以及振动条件等随机因素的影响下进一步恶化。这一趋势是无法逆转的,但可以通过相关手段进行干预,降低它的恶化速率,有效的方法就是通过均衡维护以对单体蓄电池实施均衡。蓄电池均衡效果如图3-0-9所示。

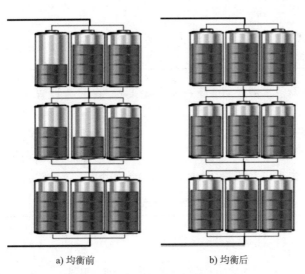

a) 均衡前   b) 均衡后

图3-0-9 蓄电池包均衡效果示意图

动力蓄电池均衡维护的基本目的就是"削峰添谷",使各个蓄电池单体的电压达到较好的一致性,提高车辆的续行里程和蓄电池组的使用寿命。蓄电池组维护仪的主要功能也是通过采集并判断蓄电池组单体蓄电池电压参数,采用"串充补齐"的方式,对蓄电池组进行相关的维护。把蓄电池组内的单体蓄电池维护到蓄电池出厂时的水平或尽量接近该水平,使

其处于最佳工作状态,用以解决蓄电池组内单体蓄电池之间一致性差异。因此,机动车检测中对纯电动汽车蓄电池包衰减率很重要的一项检测是:(D)

  A. 差异性检测   B. 一致性检测

  C. 均衡效应检测   D. 健康状态检测

(3)以电量转移的方式进行均衡,以及通过电阻放电的方式,对电压较高的单体蓄电池进行放电,以热量形式释放电量,为其他单体蓄电池获得更多充电时间,分别是(可以多选):(CD)

  A. 均衡维护   B. 均衡效应

  C. 主动均衡   D. 被动均衡

(4)在使用动力蓄电池均衡维护仪对动力蓄电池包进行维护时,设备厂商给出了该型设备具有多项保护功能。见表3-0-4。

动力蓄电池均衡维护仪功能介绍   表3-0-4

序号	项目	保护起动条件	保护措施
1	输出过流保护		该单元停止输出,需重新上电恢复
2	输出断路保护		
3	连接线掉线保护		
4	蓄电池错接保护		该单元停止输出,故障消除后自动恢复
5	蓄电池欠压保护	可设	
6	蓄电池过压保护	可设	
7	蓄电池接反保护	任一单体蓄电池接反	
8	整机欠温保护	≤-20℃	设备停止输出,故障消除后自动恢复
9	整机过温保护	≥85℃	

而均衡维护仪"设备参数设置"是一项重要设置,在参数设置中需要设定的参数是(可多选):(BC)

  A. 蓄电池接错保护   B. 蓄电池欠压保护

  C. 蓄电池过压保护   D. 蓄电池接反保护

(5)通过某型动力蓄电池均衡维护仪给出参数如下(表3-0-5)。

某型动力蓄电池均衡维护仪充电参数设置   表3-0-5

序号	参数名称	说明	铁锂蓄电池默认值	三元锂蓄电池默认值	钛酸锂蓄电池默认值
1	充电截止电压	蓄电池充电完成达到的电压	3.600V	4.125V	2.700V
2	充电过压保护	蓄电池电压超过此值,充电将停止	3.700V	4.200V	2.800V
3	充电欠压保护	蓄电池电压低于此值,充电将停止	2.000V	2.500V	1.800V

对于磷酸铁锂蓄电池、三元锂蓄电池和钛酸锂蓄电池这几种常用的动力蓄电池,下面数据将导致单体蓄电池均无法充电的是(可多选):(BCD)

A. 2.336V/2.679V/1.975V　　　　　　B. 1.998V/2.435V/1.794V

C. 0.432V/1.468V/1.523V　　　　　　D. 1.839V/0.234V/1.702V

7. 一辆新能源纯电动家用汽车,搭载磷酸铁锂动力蓄电池,无交通事故,定期维护,已使用3年6个月,行驶里程26891km。

(1)如果上线检测,重点需要检测的部位是动力蓄电池,因为动力蓄电池价值比较高、较其他汽车总成部件损耗也大,是纯电动汽车贬值最快的总成部件。而判断在用电动汽车动力蓄电池性能最重要指标是:(D)

A. 蓄电池标称容量　　　　　　　　B. 能量密度

C. 放电率　　　　　　　　　　　　D. 衰减率

(2)如果规定该车的使用年限按8年计算,该车的成新率是:(A)

A. 55%　　　　B. 65%　　　　C. 75%　　　　D. 85%

(3)该车的原始购车发票为12.5万元,现行市场购置价格为12万元,则该车的复原重置成本和更新重置成本分别是(可多选):(CD)

A. 11万元　　　B. 11.5万元　　　C. 12万元　　　D. 12.5万元

(4)如果确定该车的综合调整系数为0.85,折扣率为0.80,则该车的评估价格和收购价格分别是(可多选):(AC)

A. 4.488万元　　B. 5.492万元　　C. 5.610万元　　D. 5.925万元

(5)在二手电动汽车收购中,还应考虑收购后应支付的费用,即从车辆收购到售出的时限内,还要支出的费用有(可多选):(ABCD)

A. 维修及动力蓄电池的维护费　　　　B. 停车费

C. 车辆清洁洗涤费　　　　　　　　　D. 购入车款的利息